수상한 교육마술

초판 1쇄 발행 • 2020년 11월 6일

지은이 • 김택수 조상희 김규은 김유찬 박종한 서한샘 유지선 이지민 이혜림 정광호 한지선 홍호선
펴낸이 • 강일우
편집 • 서대영 이진
조판 • 이주니
펴낸곳 • (주)창비교육
등록 • 2014년 6월 20일 제2014-000183호
주소 • 04004 서울특별시 마포구 월드컵로12길 7
전화 • 1833-7247
팩스 • 영업 070-4838-4938 / 편집 02-6949-0953
홈페이지 • www.changbiedu.com
전자우편 • textbook@changbi.com

ⓒ 김택수 외 2020
ISBN 979-11-6570-022-5 03370

수
상한
교육마술

창비교육

함께 배우고 성장하는 수업의 비법, 교육마술

안녕하세요. 저희는 유치원과 초·중·고등학교에서 근무하고 있는 현직 교사들로 구성된 '전국교사교육마술연구회(S.T.E.P MAGIC)'에서 활동하는 교사들입니다. 그런데 왜 연구회의 이름이 스텝매직일까요? 스텝매직(S.T.E.P MAGIC)에서 S.T.E.P(스텝)은 신기하고 놀라운(Surprising) 경험을 통해 긍정적인 믿음(Trust)과 행동의 동기가 되는 마음(Emotion)을 심어 주고 이를 바탕으로 올바른 실천(Practice)을 유도하는 교수·학습 과정을 의미합니다. 그리고 이러한 교수·학습 과정을 바탕으로 마술처럼 즐겁고 행복한 교실을 꿈꾸는 곳이 바로 스텝매직입니다.

평소 '수업이란 마음을 움직이는 예술이다.'라는 생각을 하곤 합니다. 수업이란 것이 단순히 학생에게 교과 지식이나 기술을 가르치는 행위만을 일컫는 것이 아니기 때문입니다. 교사는 수업을 통해 학생들과 인격적으로 만나고, 교과를 사이에 두고 다양한 지식을 공유하면서 함께 그 의미를 탐구합니다. 특히 교육마술을 접목한 수업 시간에 학생들이 순수한 동심이 가득 담긴 눈빛으로 놀람의 탄성을 지를 때, 그때 이루어지는 교감은 그 어떤 예술 작품보다 더 큰 감동을 일으킵니다. 교육마술을 매개로 이루어지는 교감과 소통은 단순히 낯선 지식을 전달하는 데에서 그치지 않고 마음과 생각을 나누는 데까지 이어지기 때문입니다.

어떤 연령을 교육하든지 교사라면 누구나 자기 수업에 대해 끊임없이 고민합니다. 교직 경력이 더해진다고 해서 결코 그 고민이 적어지지 않습니다. 교직 경력이 더해질수록 학생들의 특성을 파악하여 그에 맞게 수업 방식과 내용을 선정하는 능력이 조금 더 생길 뿐입니다. 좋은 수업에 대한 고민은 교직에 있는 동안 교사가 숙명처럼 끊임없이 이어 나가야 할 도전일 테니까요.

좋은 수업에 대한 해답을 찾기란 결코 쉬운 일이 아니지만, 스텝매직 교사들의 '교육마술 수업 나눔'이 '함께 배우고 성장하는 수업'의 일면을 발견하는 데 도움이 될 것이라 생각했습니다. 그래서 12명의 교사가 '교육마술 선생님'이라는 이름으로 각자의 교실에서 학생들과 함께 만들어 낸 특별한 수업 이야기를 한 권의 책에 담았습니다. 학생들의 성장을 위한 교육 방법뿐만 아니라 마술처럼 즐겁고 의미 있는 시간을 만들어 내는 비법이 담겨 있습니다. 이 책을 통해 많은 선생님이 아이들과 마술같이 행복한 시간을 보내셨으면 좋겠습니다.

　끝으로 이 책을 출판하기까지 많은 도움을 주신 창비교육 출판사와 책의 내용을 책임져 주신 11명의 저자 선생님들, 멋진 그림을 그려 주신 강세라 선생님, 모임을 함께 해 보자고 제안해 준 조상희 선생님과 책 출간 작업에 힘써 준 이지민, 정혜란, 백경렬 선생님, 영상 촬영과 편집을 맡아 준 김유찬, 정광호, 김혜연, 안세연 선생님께 감사 인사를 전합니다. 그리고 언제나 힘이 나는 말과 행동으로 든든한 버팀목이 되어 준 스텝매직 회원 선생님들, 이 책이 나오기까지 많은 격려와 응원을 해 주신 인디스쿨, 참쌤스쿨, 몽당분필, 같이교육, 혼공스쿨 모든 분들께 진심으로 감사의 마음을 전합니다.

　2014년을 시작으로 수많은 선생님들과 함께 연구해 온 교육마술을 기록으로 정리할 수 있어서 영광이었습니다.

12명의 저자를 대표하여 김택수 올림.

1. 수업 개관

⋯ 수업 주제와 수업 방향을 수업 상황에 어울리는 그림과 함께 제시하였습니다.

2. 수업 한눈에 보기

⋯ 이 수업에서 진행할 교육마술과 활동들을 일목요연하게 정리하였습니다.

⋯ 큐알 코드로 접속하면 실제 마술 시연 동영상을 볼 수 있습니다.

3. 고수의 비법

⋯ 교육마술을 활용하여 수업을 더욱 특별하게 만드는 고수의 비법을 담았습니다.

① **비법 시연:** 마술 시연 과정을 단계별로 사진과 함께 설명하는 한편 교사의 수업 대화를 제시하여 수업에 바로 활용할 수 있습니다.

② **비법 공개:** 마술에 필요한 '준비물'부터 '도구 만들기', '비법 풀이'를 단계별로 살펴볼 수 있도록 사진과 함께 제시하였습니다. '유의할 점'을 두어 마술과 수업의 효과를 높이는 방법을 제시하였습니다.

③ **비법 응용:** 해당 마술을 다른 교과목이나 수업 주제, 학습 내용 등에 응용하여 활용할 수 있는 방안을 안내하였습니다.

4. 함께 하는 무림 활동

⋯⋯ 마술과 함께 할 수 있는 다채로운 활동들을 안내하였습니다.

① **준비물** : 활동에 필요한 준비물을 안내하였습니다.

② **활동 방법** : 활동의 구체적인 방법을 단계별로 자세하게 안내하였습니다.

③ **TIP** : 활동을 보다 성공적으로 이끌 수 있는 수업 노하우를 제시하였습니다.

④ **무력 보강하기** : 해당 활동을 다른 교과목이나 수업 주제, 학습 내용 등에 응용하여 활용할 수 있는 방안을 안내하였습니다.

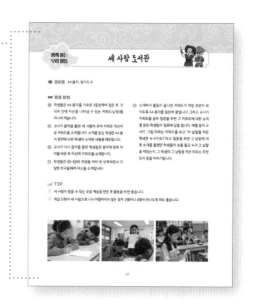

5. 무용담 나누기

⋯⋯ 실제 해당 수업을 경험한 교사와 학생들의 생생한 후기를 담았습니다.

① **선생님 한마디** : 학생들과 마술 및 무림 활동을 하며 느끼고 깨달은 바를 비롯한 수업 후기를 동료 교사의 목소리로 들려줍니다.

② **아이들 활동 소감** : 실제로 수업에 참여한 아이들의 살아 있는 후기를 담았습니다.

구성과 특징

1부. 월별 무림 고수 되기

2부. 특별한 무림 고수 되기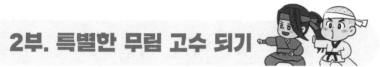

부록

1부
월별 무림 고수 되기

첫 만남 수업 고수 되기

새 학년이 시작되는 3월이 되면 학교에 가기 싫어하는 학생들이 있습니다. 학교생활에 대한 막연한 불안감을 느껴 학교에 가는 것을 거부하는 '학교 공포증' 때문이지요. 학교 공포증까지는 아니더라도 새 학년에 대한 두려움 때문에 잠을 설치거나 스트레스를 받는 학생도 많습니다.

이런 아이들에게 새 학년의 첫 수업은 정말 중요합니다. 1년 학교생활의 첫인상을 결정하기 때문입니다. 다양한 활동을 통해 아이들에게 즐겁고 신나는 첫 수업의 기억을 남겨 주세요.

고수의 비법

키워드 찾기 마술
학생들이 선택한 키워드 카드를 찾아내는 마술

준비 난이도 　　기술 난이도

함께 하는 무림 활동

세 사람 도서관
나를 소개하는 3가지 키워드로
친구를 알아 가는 활동

진짜?! 가짜?!
진짜와 가짜가 섞여 있는 자기소개
문장 카드를 빼앗아 오는 놀이

손바닥 타임캡슐
손바닥 그림에 자신의 꿈을 적어
타임캡슐을 만드는 활동

키워드 찾기 마슬

비법 시연

1

4명의 학생을 선정한 후 키워드 카드에 대해 설명합니다.

선생님이 다양한 낱말이 적힌 16장의 키워드 카드를 가지고 왔습니다.

이 카드에는 여러분을 표현할 수 있는 낱말들이 적혀 있습니다.

2

학생 1명에게 카드를 섞게 한 후, 4명의 학생이 카드를 4장씩 나누어 갖게 합니다.

○○(이)가 카드를 잘 섞은 다음 친구들에게 4장씩 나누어 주세요.

3

학생들에게 각자 받은 키워드 카드 4장 중에서 자신을 표현하기에 가장 적절한 낱말을 하나 선택하게 합니다. 그리고 선택한 카드가 드러나지 않도록 카드를 섞게 합니다.

여러분이 받은 키워드 카드 중에서 자신을 가장 잘 표현하는 낱말이 적힌 카드를 1장 고르고 그 카드를 잘 기억해 주세요. 그리고 카드 4장을 잘 섞어 주세요.

4

왼쪽의 1번 학생의 카드부터 차례대로 카드 4장의 뒷면이 보이도록 모읍니다. 1번 학생의 카드 4장 위에 2번 학생의 카드 4장, 3번 학생의 카드 4장, 4번 학생의 카드 4장을 차례대로 쌓아 가며 모읍니다.

이제 선생님이 카드를 모아서 가져가겠습니다.

5

모은 카드를 1-2-3-4번 학생 순서대로 위에서부터 1장씩 뒷면이 보이도록 나누어 줍니다. 이 과정을 4번 반복하여 학생들이 각각 카드를 4장씩 가질 수 있게 합니다.

카드가 다시 한번 섞일 수 있도록 선생님이 카드를 1장씩 나누어 줄게요. 받은 카드는 그대로 들고 있어야 합니다.

6

1번 학생이 받은 4장의 카드를 다시 건네받습니다. 학생들에게 4장의 카드에 적힌 낱말을 읽어 준 후 그중에 자신이 선택한 낱말이 있으면 손을 들라고 합니다.

1번 친구에게 받은 4장의 카드에 어떤 낱말이 적혀 있는지 선생님이 읽어 보겠습니다. 선생님이 읽어 주는 낱말을 모두 들은 후, 그중에 자신이 선택한 낱말이 있으면 손을 드세요. 4개의 낱말을 다 읽기 전에 손을 들면 선택한 낱말이 무엇인지 선생님이 알게 되니까 꼭 4개의 낱말을 다 들은 후에 손을 드세요.

7

손을 든 학생에게 4장의 카드 중 하나를 뒷면이 보이도록 뒤집어서 줍니다.

○○(이)가 선택한 카드는 이것이군요. 지금 받은 카드는 바로 확인하지 말고 모든 친구들이 카드를 받은 후에 함께 공개하도록 하겠습니다.

8 나머지 학생들에게도 차례로 카드를 받아 **6**~**7**의 과정을 반복합니다.

첫 만남 수업 고수 되기

9

각자 받은 카드를 뒤집어서 자신이 선택한 키워드 카드가 맞는지 확인하게 합니다.

우리 친구들이 선택한 낱말은 무엇이었나요? ○○(이)는 그 낱말이 왜 자신을 가장 잘 나타낸다고 생각하나요?

이제 손에 든 카드를 공개해 주세요. 와, 방금 말한 낱말과 일치합니다.

우리 모두 친구들에 대해 하나씩 알아 가며 사이좋게 지냈으면 좋겠습니다. 행복한 1년을 만들어 봅시다.

비법 공개

💿 **준비물**

서로 다른 낱말이 적힌 16장의 키워드 카드

🐾 **도구 만들기**

1

키워드 카드를 만들기 위해서는 A4 용지 4장, A4 용지 크기의 색지 4장, 가위 또는 칼, 풀이 필요합니다.

2

A4 용지와 색지를 풀로 붙여 줍니다.

 3

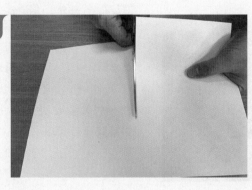

붙인 종이를 가로와 세로로 1번씩 잘라 4등분합니다. 이렇게 총 4장의 종이를 자르면 16장의 카드가 만들어집니다.

 4

각각의 카드에 원하는 낱말을 써서 키워드 카드를 만듭니다.

첫 만남 수업 고수 되기

🐝 비법 풀이

1 카드를 4장씩 나누어 주고 돌려받을 때에는 카드 뒷면이 위로 향하도록 합니다. 이때 1번 학생의 카드 위에 2번, 3번, 4번 학생의 카드를 차례대로 모아야 합니다.

2 모은 카드를 다시 나누어 줄 때에는 한 번에 4장씩 나누어 주는 것이 아니라 반드시 1번 학생부터 4번 학생까지 1장씩 차례대로 4번에 걸쳐서 나누어 주어야 합니다. 이때에도 카드 뒷면이 위로 향하게 하여 카드 내용이 보이지 않게 합니다.

3

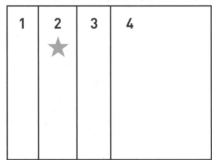

교사가 읽어 주는 낱말 4개를 다 들은 후 손을 든 학생이 있다면 이 학생의 위치를 확인하여 같은 순번에 있는 카드를 뽑아서 줍니다.
⑩ 2번 학생이 손을 들었다면 교사가 보고 있는 카드에서 두 번째에 있는 카드가 학생이 선택한 카드입니다.

📖 유의할 점

☑ 이 마술은 카드의 배열 규칙을 활용한 것으로, 정해진 순서대로 규칙을 잘 지켜서 마술을 진행한다면 학생이 고른 카드를 반드시 맞힐 수 있습니다. 따라서 처음부터 끝까지 순서대로 진행하는 것이 중요합니다.

☑ 키워드 카드에 학생들이 이상적으로 여기거나 자신을 표현할 때 많이 사용하는 낱말, 가치 덕목 등을 적으면 좋습니다. 예를 들면 사랑, 지혜, 창의성, 연민, 용서, 포용, 협동, 신뢰, 청결, 솔선, 감사, 유머, 겸손, 근면, 인내, 활력, 헌신, 존중, 공감, 친절 같은 가치 덕목이 있습니다.

☑ 학생들이 4장의 카드 중에서 1장을 고를 때 다양한 문제가 발생할 수 있습니다. 예를 들어 원하는 낱말이 없어서 고르지 못하겠다고 말하거나 선택한 낱말을 기억하지 못하는 학생이 있을 수 있습니다. 문제 상황이 발생한 경우에는 당황하지 말고 "원하는 것이 없더라도 4가지 중에서 가장 마음에 드는 낱말을 선택해 줘."라고 말하며 선택을 유도하는 것이 좋습니다. 또한 기억을 하지 못하는 경우를 방지하기 위해 마술을 하는 중간중간 학생들에게 자신이 고른 카드에 적힌 낱말을 기억해 달라는 이야기를 반복적으로 하는 것도 좋은 방법입니다.

♠ 사회 교과 활동: 세계 여러 나라와 관련된 수업에서 나라 찾기 마술로 활용이 가능합니다. 나라 찾기 마술은 학생이 선택한 국가를 교사가 보지 않고 맞히는 마술입니다. 키워드를 국가명으로 변경하여 마술을 진행하면 됩니다.

⋯ 미국, 캐나다, 중국, 인도네시아, 핀란드 등 16개의 국가(대륙이나 종교, 언어나 문화에 따라 16개 국가 선정)

♠ 도덕 교과 활동: 다양한 인성 덕목에 대해 생각해 보고 자신이 생각하는 중요한 인성 덕목을 찾는 활동을 할 수 있습니다.

⋯ 1년 동안 중요하게 지켜 나갈 인성 덕목 카드 찾기

세 사람 도서관

🔵 **준비물** A4 용지, 필기도구

🐂 **활동 방법**

① 학생들은 A4 용지를 가로로 3등분하여 접은 후, 각각의 칸에 자신을 나타낼 수 있는 키워드(낱말)를 하나씩 적습니다.

② 교사가 음악을 틀면 세 사람씩 모여 차례로 자신이 쓴 키워드를 소개합니다. 소개를 듣는 학생은 A4 용지 뒷면에 다른 학생이 소개한 내용을 메모합니다.

③ 교사가 다시 음악을 틀면 학생들은 음악에 맞춰 자리를 바꾼 후 자신의 키워드를 소개합니다.

④ 학생들은 ②~③의 과정을 여러 번 반복하면서 다양한 친구들에게 자신을 소개합니다.

⑤ 소개하기 활동이 끝나면 키워드가 적힌 부분이 보이도록 A4 용지를 칠판에 붙입니다. 그리고 교사가 키워드를 골라 질문을 하면 그 키워드에 대한 소개를 들은 학생들이 질문에 답을 합니다. 예를 들어 교사가 '그림'이라는 키워드를 보고 "이 낱말을 적은 학생은 누구지요?"라고 질문을 하면 그 낱말에 대한 소개를 들었던 학생들이 손을 들고 누가 그 낱말을 적었는지, 그 학생이 그 낱말을 적은 이유는 무엇인지 등을 이야기합니다.

📣 **TIP**

💡 세 사람이 앉을 수 있는 모둠 책상을 만든 후 활동을 하면 좋습니다.

💡 학급 인원이 세 사람으로 나누어떨어지지 않는 경우 2명이나 4명이 만나도록 해도 좋습니다.

진짜?! 가짜?!

🔴 **준비물** A4 용지, 필기도구

🐐 **활동 방법**

❶ A4 용지를 가로로 3등분하여 자릅니다.

❷ 학생들은 각 카드에 자신에 대한 정보를 한 문장으로 적습니다. 이때 2가지 문장은 진실인 내용으로 적고 1가지 문장은 거짓인 내용으로 적습니다. 예를 들어 '나는 강아지를 키운다. - 진실', '나는 김치를 좋아한다. - 거짓'과 같은 식으로 적으면 됩니다.

❸ 학생들은 교실을 돌아다니며 만나는 친구와 가위바위보를 합니다. 그리고 이긴 학생은 자신의 카드 중 하나를 선택하여 문장을 읽어 줍니다.

❹ 이긴 학생이 문장을 읽으면 진 학생은 그 문장의 내용이 진짜인지 가짜인지를 맞힙니다. 정답을 맞히면 그 카드를 가져옵니다.

❺ 정해진 시간 동안 놀이를 계속 진행하여 카드를 가장 많이 모은 학생이 승리합니다.

📝 **TIP**

💡 자신이 적은 문장 옆에 진실 혹은 거짓 여부를 반드시 적게 합니다.

💡 자신이 만든 카드뿐만 아니라 획득한 카드를 친구에게 읽어 줄 수도 있습니다. 획득한 카드를 읽어 줄 때에는 자신의 상황에 맞추어서 참과 거짓을 변경해야 합니다. 예를 들어 "나는 강아지를 키운다."라고 적힌 카드를 다른 학생에게 '참'이라고 해서 받았는데 자신은 강아지를 키우지 않는다면 '거짓'으로 바꾸어 써 주어야 합니다.

손바닥 타임캡슐

🍩 **준비물** A4 용지, 필기도구, 타임캡슐 상자(작은 상자)

🐂 **활동 방법**

① 학생들은 A4 용지에 자신의 손바닥을 대고 윤곽선을 그립니다. 그리고 각자 그린 그림의 손바닥 부분에 올해 자신이 가장 이루고 싶은 소망 1가지를 적습니다. 손가락 부분에는 나머지 소망 5가지를 적습니다.

② 교사는 학생들이 작성한 손바닥 타임캡슐 종이를 모아 타임캡슐 상자(작은 상자)에 보관합니다.

③ 교사와 학생들은 학년이 끝날 때 다 같이 타임캡슐 상자를 열어 봅니다.

④ 학생들은 각자 자신의 손바닥 타임캡슐 종이를 찾아 현재의 손 크기와 비교해 봅니다. 그리고 자신이 적은 소망이 얼마나 이루어졌는지 친구들과 이야기를 나눕니다.

✍ **TIP**

💡 타임캡슐 상자를 언제 열어 볼지 미리 이야기를 해 주면 학생들이 손바닥 타임캡슐 종이를 좀 더 정성스럽게 만들게 되고 1년 내내 기대감을 갖게 됩니다.

무용담 나누기

선생님 한마디

마술 수업을 구성할 때 먼저 마술 도구를 보고 그것을 이용한 수업을 만드는 편입니다. 이 수업은 여행에 대한 사진이 있는 마술 도구인 Travel in mind를 보고 구성한 것으로, 학생들에게 자신을 나타내는 키워드에 담긴 의미를 생각해 보게 하고 나아가 친구들을 좀 더 깊이 있게 이해할 수 있게 하는 데 초점을 두었습니다.

여행을 떠올리면 새로운 곳에 간다는 설렘과 그곳에서 새로운 사람들을 만나 새로운 경험을 하게 될 것이라는 기대감으로 가슴이 벅차오릅니다. 아이들이 새 교실에서 새 학기를 맞이하고 새로운 친구들을 만나는 것 역시 하나의 가슴 벅찬 여행이 아닐까 생각했습니다. 그리고 아이들이 자신을 표현할 수 있는 키워드를 발견하고 소개하는 과정을 통해 한 해 동안 함께 여행할 친구들과 좀 더 가까워지기를 바랐습니다.

학교 오는 것을 싫어하던 학생이 친구들과 선생님이 좋아서 학교에 오는 것이 좋아졌다고 말할 때 느꼈던 행복감을 아직도 기억합니다. 그래서 아이들의 새로운 만남을 즐겁고 행복하게 해 주고 싶었습니다. 아이들이 즐겁게 활동하고 생각하는 모습을 보면서 저 역시도 즐겁게 첫 수업을 시작할 수 있었습니다.

아이들 활동 소감

치원   친구들이 자신에 대해 이야기를 하는 것을 듣는 게 새로웠어요. 그리고 저와 많은 부분에서 다르기도 하고 비슷하기도 하다는 것을 알게 되어 즐거웠어요.

재결   평소에 친하다고 생각한 친구였는데, 제가 몰랐던 부분들에 대해 더 알게 되어 좋았어요.

혜빈   제 손이 나중에 얼마나 커져 있을지, 그리고 지금 적어 둔 소망들을 얼마나 이루게 될지 궁금해요.

용찬   제가 하고 싶은 일들을 자유롭게 생각할 수 있었고, 올해 이루고 싶은 꿈에 대해 생각할 수 있어서 좋았어요.

친구 알기 수업 고수 되기

좋은 첫인상은 상대방과 원만한 관계를 유지하는 데 도움이 됩니다. 그래서 학생들과의 첫 만남을 앞두고 교사는 어떻게 하면 학생들에게 좋은 첫인상을 남길 수 있을까를 고민하지요. 그럴 때 활용할 수 있는 것이 마술로 자기소개를 하는 것입니다. 특별한 자기소개는 좋은 기억으로 이어지니까요. 이와 더불어 교사는 아직 어색한 관계에 있는 학생들이 함께 어울려 할 수 있는 즐겁고 특별한 활동을 고민하기도 합니다.

이번 수업을 통해 교사와 학생, 학생과 학생 사이를 가로막고 있는 낯설고 불편한 벽을 허물어 보시길 바랍니다.

 고수의 비법

3단 변화 종이 마술

3단계로 종이 모양을 바꾸며 자기를 소개하는 마술

준비 난이도 　　기술 난이도

 함께 하는 무림 활동

나를 소개합니다

3단 변화 종이 마술을 활용해
나를 소개하는 활동

나는 이 친구가 좋아요

친구의 이름과 특징을 알아보는
자리 바꾸기 놀이

빠진 이름을 찾아라!

빠진 친구의 이름을 추리해 보는
잡기 놀이

3단 변화 종이 마술

1

첫 번째 자기소개 문구가 적힌 종이를 들고 그 의미를 설명합니다.

지금부터 3가지 말로 선생님을 소개해 볼게요. 첫 번째는 '쌤'이에요. 선생님은 여러분과 더욱 재미있는 수업을 하기 위해 '쌤'이라는 세종교육마술연구회에서 마술을 배우고 있어요.

2

종이를 펼친 후, 두 번째 자기소개 문구가 적힌 종이를 들고 그 의미를 설명합니다.

두 번째는 선생님의 별명인 '미친 호랑이'예요. 선생님의 이름이 '정광호'라고 했지요? '미칠 광, 호랑이 호'가 떠오른다고 친구들이 이 별명을 지어 줬어요. 이름의 원래 뜻은 '세상을 환하게 만들다'랍니다.

3 종이를 1번 더 펼친 후, 올해 자신이 바라는 점이 적힌 종이를 들고 그 의미를 설명합니다.

세 번째, 선생님이 올해 바라는 점은 바로 '행복한 우리 반'이에요. 올해 우리 반은 웃음이 끊이지 않는 행복한 반이 되었으면 좋겠습니다. 모두 함께 노력해 봐요.

비법 공개

⚬ **준비물**

3단 변화 종이

🕷 **도구 만들기**

1 3단 변화 종이를 만들기 위해서는 3단 변화 종이 숫자 양식 1장, 3단 변화 종이 빈 양식 1장, 색연필, 사인펜이 필요합니다.

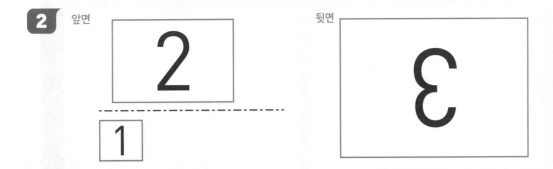

2 앞면 · 뒷면

3단 변화 종이 숫자 양식을 앞장과 뒷장이 상하 반전이 되도록 양면 인쇄합니다.

(3단 변화 종이 빈 양식 1번 칸에는 첫 번째 소개 문구, 2번 칸에는 두 번째 소개 문구, 3번 칸에는 올해 바라는 점을 색연필이나 사인펜으로 씁니다.)

3

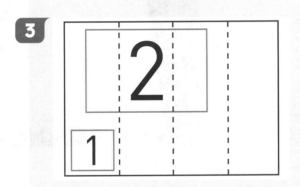

종이를 가로로 4등분이 되도록 접고 종이를 펼칩니다.

4

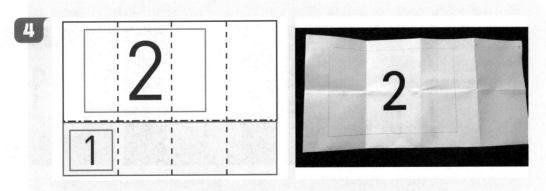

점선을 따라 숫자 1이 있는 아랫부분을 뒤로 접어 숫자 2만 보이도록 합니다.

5

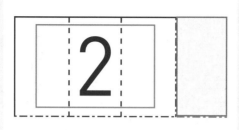 

노란색으로 색칠된 부분을 뒤로 접습니다.

6

노란색으로 색칠된 부분을 앞으로 접어서 숫자 1이 보이게 합니다.

7

노란색으로 색칠된 부분을 뒤로 접습니다. 그다음 초록색으로 색칠된 부분을 뒤로 접어 숫자 1이 쓰인 칸만 보이게 합니다.

8

잘된 예   잘못된 예

3단 변화 종이 빈 양식에 색연필이나 사인펜으로 소개할 내용을 채웁니다. 인쇄를 할 때 앞면과 뒷면이 상하 반전이 되게 인쇄하듯, 3번 칸에는 앞면과 상하 반전이 되게 내용을 적어 넣어야 합니다. 앞면을 다 쓰고 종이를 위에서 아래로 뒤집으면 됩니다. 만약 앞면과 뒷면이 상하 반전이 되지 않으면 종이를 펼쳤을 때 3번에 넣은 내용이 뒤집혀 나옵니다.

비법 풀이

1

뒤쪽에 세모로 표시된 부분을 사진과 같이 잡고 동시에 펼치면 두 번째 소개 문구가 적힌 부분이 나옵니다.

2

뒤쪽에 동그라미로 표시된 부분을 사진과 같이 잡고 동시에 펼치면 종이가 뒤집히면서 세 번째 소개 문구(올해 바라는 점)가 적힌 부분이 나옵니다.

친구 알기 수업 고수 되기

📖 유의할 점

☑ 3단 변화 종이 숫자 양식과 빈 양식 모두 앞면과 뒷면이 상하 반전이 되도록 인쇄해야 합니다. 또 직접 종이에 문구를 쓰거나 그림을 그리는 경우에도 앞뒷면이 상하 반전되어야 합니다. 종이를 뒤집을 때 위에서 아래로 뒤집으면 상하 반전이 됩니다.

☑ 펼칠 때 너무 세게 잡아당기면 종이가 찢어질 수 있습니다.

☑ 충분히 연습해서 눈으로 보지 않고도 잡는 부분을 찾아 펼칠 수 있어야 합니다.

☑ 글씨와 그림을 크게 그리거나 큰 종이를 활용하면 가시성이 좋습니다.

비법 응용

🔑 독후 활동: 독서 후 책 내용을 소개하는 수업에 활용할 수 있습니다.

⋯ 초가집, 나무집, 벽돌집을 보여 주면서 『아기 돼지 삼 형제』 소개하기

🔑 과학, 사회 교과 활동: 시간 순서에 따른 변화 과정이나 역사적 사건들을 설명하는 수업에 활용할 수 있습니다.

⋯ 알, 올챙이, 개구리를 차례대로 보여 주면서 물에 알을 낳는 동물의 한살이에 대해 설명하기

⋯ 거란의 1차 침입, 2차 침입, 3차 침입에 대한 내용을 보여 주고 극복 방법 이야기하기

🔑 국어 교과 활동: 뒷이야기 상상하기, 이야기 바꾸어 쓰기 등의 수업에 활용할 수 있습니다.

⋯ 「살구가 익을 무렵」의 이야기를 상상해 보고 3단 변화 종이 양식에 꾸며 발표하기

⋯ 『태국에서 온 수박돌이』, 「조그마한 기쁨」 등의 이야기를 읽고 등장인물의 성격을 바꾸어 이야기를 재구성한 후 3단 변화 종이 양식에 꾸며 발표하기

나를 소개합니다

함께 하는 무림 활동

🥁 **준비물** 3단 변화 종이 숫자 양식, 3단 변화 종이 빈 양식, 색연필, 사인펜

🥁 활동 방법

❶ 학생들에게 3단 변화 종이 숫자 양식을 나누어 주고 마술 비법을 가르쳐 줍니다.

❷ 학생들에게 3단 변화 종이 빈 양식을 나누어 주고 1번 칸과 2번 칸에 자신을 나타내는 표현 2가지를 쓰게 합니다.

❸ 3번 칸에는 자신이 바라는 우리 반의 모습을 상상해서 그리게 합니다.

❹ 학생들은 3단 변화 종이 마술을 활용하여 자기소개를 하고, 발표가 끝난 뒤 생각이나 느낀 점을 서로 이야기합니다.

✍ TIP

💡 앞면(1번 칸과 2번 칸)의 글과 뒷면(3번 칸)의 그림이 상하 반전되어야 함을 미리 안내합니다. 종이를 뒤집을 때 아래에서 위로 뒤집으면 앞면과 뒷면이 상하 반전됨을 설명해 주면 좋습니다.

💡 글과 그림은 다른 학생들이 잘 볼 수 있게 크고 선명하게 그리도록 지도합니다.

💡 마술을 할 때 종이를 너무 강하게 펼치지 않도록 지도합니다.

친구 알기 수업 고수 되기

나는 이 친구가 좋아요

🥘 **준비물** 의자

🐂 **활동 방법**

❶ 교실에 의자를 동그랗게 배치한 후, 술래를 제외한 모든 학생이 의자에 앉습니다. 이때 의자의 개수는 전체 놀이 인원수(술래 포함)보다 1개 적게 준비합니다.

❷ 술래는 한 학생에게 가서 "당신의 이름은 무엇입니까?"라고 질문합니다.

❸ 질문을 받은 학생은 술래에게 자신의 이름을 말합니다.

❹ 술래는 다시 "○○(이)는 어떤 친구를 좋아하나요?"라고 질문합니다.

❺ 질문을 받은 학생은 술래의 모습 중에서 특징 1가지를 찾아, '~ 친구를 좋아합니다.'라는 형식으로 질문에 답합니다.
　　⑩ "안경을 쓴 친구를 좋아합니다.", "청바지를 입은 친구를 좋아합니다.", "마음씨가 고운 친구를 좋아합니다.", "축구를 좋아하는 친구를 좋아합니다." 등

❻ 친구가 답한 특징이 자신에게 해당한다고 생각하는 학생들은 자리에서 일어나 빈자리를 찾아 옮겨 앉습니다. 이때 술래도 빈자리를 찾아 앉습니다.

❼ 빈자리를 찾아 앉지 못한 학생이 다음 술래가 됩니다.

📣 TIP

💡 교사가 놀이에 함께 참여하며 규칙을 설명해 주면 좋습니다.

💡 질문을 받지 않은 사람에게만 질문을 하도록 규칙을 정하면 학생들이 골고루 질문을 받을 수 있습니다.

💡 특징에는 외모나 옷차림처럼 외적인 특징뿐만 아니라 성격, 취미 등의 내적인 특징도 포함됩니다. 이때 술래의 실제 특징이 아닌 추측하거나 상상한 특징도 답으로 허용해 주면 학생들에게 더욱 다양한 대답을 이끌어 낼 수 있습니다.

💡 술래의 특징을 말할 때 상대방을 비하하거나 무시하는 표현은 삼가도록 사전에 주의를 줍니다.

💡 학생이 말한 특징에 자신이 해당하는지는 객관적 판단의 기준이 없으며 본인이 판단하는 것임을 알려 주어야 놀이가 원활하게 이루어집니다.

💡 자리를 옮겨 앉을 때 자신이 원래 앉아 있던 자리는 앉지 않기로 미리 규칙을 정해 둡니다.

💡 특정 순번의 술래는 장기 자랑을 한다거나 하루 동안 학급 도우미 역할을 한다는 등의 벌칙을 정하면 더욱 긴장감 있고 즐겁게 놀이를 진행할 수 있습니다.

빠진 이름을 찾아라!

🌀 **준비물** 학생들과 교사의 이름이 적혀 있는 종이

🐂 **활동 방법**

❶ 교사는 이름이 적혀 있는 종이 중 1장을 뽑아서 이름을 확인하고 보관합니다.

❷ 나머지 종이는 잘 섞은 후 학생들에게 1장씩 나누어 줍니다. 받은 종이의 이름은 학생 자신만 확인합니다.

❸ 제한 시간 20분 동안 학생들은 술래잡기를 하며 상대방의 이름을 알아내고 추리를 통해서 빠진 이름을 찾아냅니다.

❹ 다른 학생의 등을 터치한 학생은 자신이 받은 종이의 이름으로 자기소개를 합니다.
    ㉖ "안녕, 나는 ○○○(이)야."

❺ 터치를 당한 학생도 자신이 받은 종이의 이름으로 자기소개를 합니다.
    ㉖ "안녕, 나는 □□□(이)야."

❻ 제한 시간 안에 교사에게 와서 이름이 빠진 친구가 누구인지 말하면 승리합니다. 이름을 찾지 못하면 이름이 빠진 학생이 승리합니다.

☑ TIP

- 💡 다른 학생에게 이름을 소개할 때 자신이 받은 종이에 적혀 있는 이름을 정확히 보여 주도록 지도합니다.

- 💡 추리에 틀린 학생에게는 벌칙을 부여하여 학생들이 신중하게 추리하도록 유도합니다. 예를 들어 이름이 빠진 학생을 잘못 찾은 경우 2분 동안 놀이에 참여하지 못하게 합니다. 2회째 틀릴 시에는 5분 동안 놀이에 참여하지 못하게 합니다. 3회째 틀릴 시에는 탈락이라고 알려 줍니다.

- 💡 다른 학생의 등을 터치할 때 너무 세게 치지 않도록 지도합니다. 학생들이 등을 터치하기 부담스러워하는 경우에는 손바닥 치기 등으로 변형해도 됩니다.

- 💡 종이를 보여 주는 동안에는 등을 터치할 수 없음을 미리 안내합니다.

친구 알기 수업 고수 되기

선생님 한마디

　'3단 변화 종이 마술'은 간단한 준비물로 새 학년 첫날을 즐겁게 만들 수 있는 활동입니다. 매년 새로 만나는 학생들과 이 활동을 하고 있는데, 아이들이 정말 좋아하고 오랫동안 기억합니다. 처음 만나 어색하고 부끄러운 분위기 속에서 자기소개를 하기란 정말 어려운 일입니다. 하지만 마술을 배우고 연습하는 과정에서 어색함의 벽은 자연스럽게 허물어지죠.

　'나는 이 친구가 좋아요' 놀이는 학생들이 특히 좋아해서 1년 내내 다시 하고 싶다는 이야기를 들었습니다. 이 놀이를 할 때마다 아이들 얼굴에서는 밝은 미소가 떠나지를 않습니다. 처음 만난 날 놀이 벌칙으로 장기 자랑을 할 때에는 아이들이 많이 부끄러워했습니다. 하지만 여름 방학 개학식 때에는 아이들의 숨겨진 끼를 볼 수 있어서 매우 좋았습니다. '빠진 이름을 찾아라!' 활동은 아이들이 학급 친구들의 이름을 외우게 하는 데 탁월한 효과를 발휘합니다. 두어 번 정도만 활동을 해도 아이들이 친구들의 이름을 대부분 외우게 될 것입니다.

　첫날을 이렇게 신나게 보내고 나면 귀가 시간에 복도에서 "우리 반 정말 좋아!", "올해 진짜 재미 있을 것 같아."라고 말하는 아이들의 목소리가 들려올 것입니다.

아이들 활동 소감

(정민) 선생님께서 자기소개를 마술로 보여 주셔서 선생님을 잊지 않고 잘 기억할 수 있을 것 같아요. 그리고 마술을 배워서 정말 신나고 재미있었어요.

(상준) 나도 마술을 할 수 있다는 것이 정말 좋았어요. 내가 직접 마술을 한다는 것이 신기해서 친구들에게 계속 보여 주고 싶었어요.

(하은) 저는 '나는 이 친구가 좋아요' 놀이가 학교에서 한 놀이 중 제일 재미있었어요. 놀이 시간마다 하고 싶다고 선생님께 졸랐어요.

(영규) 제가 술래잡기를 좋아하는데, '빠진 이름을 찾아라!' 놀이는 추리도 함께 하니까 술래잡기보다 더 재미있어요.

장애 이해 수업 고수 되기

4월 20일은 '장애인의 날'입니다. 이날은 국민들이 장애인에 대해 깊게 이해하게 하고, 장애인의 재활 의욕을 고취하고자 제정한 법정 기념일입니다.

장애 이해 교육은 장애인에 대한 편견을 없애고, 장애인과 비장애인이 더불어 살아가도록 하기 위한 것입니다. 이것은 비단 장애인에게만 해당하는 것이 아니라, 우리 모두를 위한 것이기도 합니다.

이번 수업은 장애에 대한 편견을 없애고 시각, 촉각, 청각 등의 감각을 민감하게 느껴 보면서 우리 모두가 특별한 존재임을 깨달을 수 있도록 구성하였습니다.

고수의 비법

오감 카드 마술

다른 방식으로 섞어도 모두 같은 카드가 나오게 하는 마술

준비 난이도 　　기술 난이도

함께 하는 무림 활동

믿음으로 가는 자동차
시각을 차단한 채 운전사 친구를 믿고 자동차가 되어 보는 놀이

귀는 쫑긋, 발은 사뿐사뿐
시각을 차단한 채 청각을 활용하여 물건을 가져가려는 친구를 찾는 놀이

나는 누구일까요?
시각을 차단한 채 촉각을 활용하여 어떤 물건인지 추리해 보는 활동

오감 카드 마술

1

학생들이 직접 색이 다른 5장의 종이에 교사가 불러 주는 5가지 감각을 그림으로 표현하게 합니다. 초록색에는 촉각, 주황색에는 청각, 빨간색에는 후각, 파란색에는 미각, 노란색에는 시각을 표현합니다.

선생님이 나누어 준 5가지 색깔의 색종이에 오감을 그림으로 표현해 보세요. 초록색 카드에는 손, 주황색 카드에는 귀, 빨간색 카드에는 코, 파란색 카드에는 입, 노란색 카드에는 눈을 그립니다.

2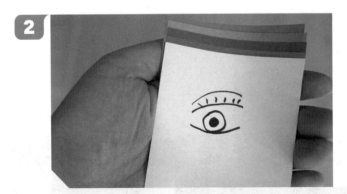

교사가 말하는 순서대로 손 위에 자신이 만든 감각 카드를 올려놓게 합니다. 초록색 → 주황색 → 빨간색 → 파란색 → 노란색 순으로 카드를 올려놓으면 맨 위에 노란색 시각 카드가 올라옵니다.

손 위에 5장의 카드를 1장씩 올려놓겠습니다. 먼저 손 카드를 올려놓으세요. 그 다음에는 귀, 코, 입, 눈 순서로 올려놓으세요.

3

1에서 4까지의 숫자 중에서 마음에 드는 숫자 하나를 선택하게 합니다.

1부터 4까지의 숫자 중에서 숫자 하나를 고르고 마음속으로만 생각해 주세요.

4

자신이 선택한 숫자만큼 손에 들고 있는 카드를 카드 더미 맨 아래로 1장씩 내리도록 합니다.

방금 생각한 숫자만큼 카드를 1장씩 카드 더미 맨 아래로 내리세요. 예를 들어 선택한 숫자가 3이라면 1장씩 차례대로 3장의 카드를 카드 더미 맨 아래로 내리면 됩니다.

5

정해진 숫자만큼 카드를 내린 후, 카드 더미 가장 위에 있는 카드를 뒤집게 합니다.

생각한 숫자만큼 카드를 내렸나요? 들고 있는 카드 중에서 맨 위의 카드를 뒤집으세요. 그림이 안 보이게요.

6

선택한 숫자만큼 카드를 아래로 내리고 맨 위에 있는 카드를 뒤집는 과정(**4** ~ **5** 의 과정)을 3번 더 하게 합니다.

아까 생각했던 숫자만큼 다시 카드를 밑으로 1장씩 내리고 맨 위에 있는 카드를 뒤집으세요. 이 과정을 3번 더 진행하겠습니다.

7

5장의 카드 중에서 뒤집어지지 않은 카드 1장을 확인하게 합니다.

이제 카드를 보면 5장의 카드 중에서 뒤집어지지 않은 카드가 1장 있을 거예요. 선생님이 하나, 둘, 셋을 외치면 그 카드를 높이 드세요. 하나, 둘, 셋!

8

뒤집어지지 않은 카드를 높이 들고 서로 카드의 그림을 확인하라고 말합니다.

우아! 우리 모두 노란색 눈 카드를 들고 있습니다. 각자 다른 숫자를 선택해서 카드를 섞었지만, 놀랍게도 우리 모두 노란색 카드를 선택했네요.

◉ **준비물**

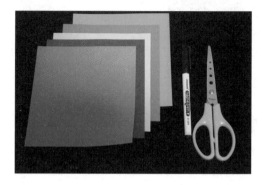

5가지 색깔(주황색, 빨간색, 노란색, 파란색, 초록색)의 단면 색종이(일반 색종이를 정사각형 모양으로 $\frac{1}{4}$ 등분한 크기), 네임 펜이나 사인펜, 가위

🎊 **비법 풀이**

이 마술은 규칙성을 이용한 마술로, 정해진 순서를 지켜서 진행하면 자연스럽게 원하는 결과를 얻게 되는 마술입니다.

1

카드를 손에 올려놓을 때 반드시 노란색 눈 카드가 제일 위에 있어야 합니다. 나머지 카드들의 순서는 상관이 없으나, 눈 카드를 제일 위에 자연스럽게 올려놓기 위해서 교사가 불러 주는 순서대로 카드를 올려놓도록 지시합니다.

㉠ 초록색 → 주황색 → 빨간색 → 파란색 → 노란색

2

학생들이 1~4의 숫자 중에서 하나의 숫자를 선택하게 합니다. 이때 1, 2, 3, 4 중 어떤 숫자를 선택해도 마술의 결과는 동일합니다.

3

선택한 숫자만큼 카드를 1장씩 카드 더미 아래로 내린 후 가장 위에 있는 카드를 뒤집도록 지시합니다.

4

카드를 내리고 뒤집는 과정을 총 4번 하면 카드 4장이 뒤집어지고 노란색 눈 카드만 뒤집어지지 않게 됩니다. 과정을 4번 반복하는 이유는 카드가 5장이기 때문입니다. 즉 카드가 5장이므로 5에서 1을 뺀 4회를 반복하는 것입니다.

📖 유의할 점

☑ 이 마술은 전체 학생이 직접 마술에 참여하기 때문에 정해진 순서를 잘 지켜서 할 수 있도록 지도하는 것이 중요합니다.

☑ 이 마술에서 양면 색종이를 사용할 경우 뒷면의 색이 모두 다르기 때문에 마술의 효과가 반감됩니다. 양면 색종이보다는 단면 색종이를 사용하는 것이 마술의 효과를 극대화하는 데 도움이 됩니다.

☑ 교사의 수업 의도대로 마지막에 일치되는 카드를 선정할 수 있습니다. 예를 들어 주황색의 귀 카드가 나오게 하고 싶다면 손 위에 카드 5장을 올려놓을 때 주황색 귀 카드를 가장 위에 올려놓으면 됩니다.

☑ 학생들이 1에서 4까지의 숫자 중 하나를 정했다면 중간에 숫자를 바꾸지 않도록 주의를 줍니다. 또 카드를 아래로 내리는 과정을 4번 반복할 때, 반드시 정한 숫자대로 계속 카드를 내릴 수 있도록 지도합니다.

☑ 마술의 효과를 높이기 위해서는 마술 도중 어떤 카드가 뒤집어졌는지 서로 확인하지 않도록 하는 것이 좋습니다. 또한 학생들이 각자 숫자를 정했고 그 숫자만큼 카드를 섞었다는 것을 강조해야 합니다.

☑ 카드를 확인할 때, 뒤집혀 있지 않은 카드만 꺼내서 동시에 들고 함께 확인해야 마술 호응도를 높일 수 있습니다.

☑ 카드의 개수는 수업 주제에 따라 다르게 정할 수 있습니다. 단, 카드의 개수가 많을수록 밑으로 내리고 뒤집는 활동이 길어질 수 있습니다. 예를 들어 카드가 7장일 경우 1에서 6까지의 숫자 중 하나를 선택한 후 그 숫자만큼 카드를 아래로 내리고 뒤집는 활동을 6번 하게 됩니다.

비법 응용

🍬 영어 교과 활동: 영어 낱말을 적어 해당 낱말을 익힐 때 활용할 수 있습니다.

⋯ '색깔'과 관련된 영어 낱말(Red, Yellow, Green, Blue, Orange)도 공부한 후에 이 낱말들을 색종이 카드에 써서 마술을 하며 해당 어휘를 다시 한번 확인할 수 있습니다.

🍬 사회 교과 활동: 핵심 용어나 역사적 인물의 이름을 쓴 후, 수업과 관련 있는 1가지 내용이 나오게 할 수 있습니다.

⋯ 고려 건국 – 단군왕검, 주몽, 왕건, 이성계, 고종

🍬 수학 교과 활동: 주제별로 같은 것 4가지와 다른 것 1가지를 섞어 다른 것 1가지를 찾도록 하는 방식으로 활용할 수 있습니다.

⋯ 기둥과 뿔 - 사각기둥, 오각기둥, 삼각기둥, 원기둥, 삼각뿔

믿음으로 가는 자동차

🔵 **준비물** 안대(활동 모둠 수만큼 준비)

🐄 **활동 방법**

① 2명이 짝을 이룬 후, 가위바위보를 하여 이긴 사람은 자동차, 다른 한 사람은 운전사가 됩니다.

② 자동차가 된 학생은 안대를 쓰고 팔짱을 낍니다.

③ 운전사는 자동차 뒤에 선 후, 규칙에 따라 자동차를 운전합니다.

- 직진: 운전사가 등을 두드리면 앞으로 갑니다.
- 후진: 운전사가 목을 두드리면 뒤로 갑니다.

- 좌회전: 운전사가 왼쪽 어깨를 두드리면 왼쪽으로 갑니다.
- 우회전: 운전사가 오른쪽 어깨를 두드리면 오른쪽으로 갑니다.
- 멈춤: 운전사가 양쪽 어깨를 꽉 잡으면 멈춥니다.

④ 제한 시간 3분이 지나면 역할을 바꾸어 활동합니다.

⑤ 활동이 끝난 후 활동 소감을 발표합니다.

TIP

- 놀이를 할 때 음악을 사용하면 더욱 즐거운 분위기를 만들 수 있습니다. 이때 너무 빠른 박자의 음악을 틀면 학생들의 움직임도 덩달아 빨라지므로 음악 선정에 주의를 기울여야 합니다.

- 학생들이 안전하게 활동할 수 있도록 반드시 안전 지도를 합니다. 교실의 어느 부분이 위험한지 미리 이야기를 나누면 좋습니다.

- 운전사 역할의 학생이 자동차 역할의 학생을 너무 세게 두드리지 않도록 지도합니다.

- 학생들이 활동을 단순히 재미있는 놀이로만 생각하지 않도록 교사가 적절한 발문을 제시하여 활동 의의를 되새겨줍니다. 눈을 가리고 활동할 때 어떤 점이 어려웠는지 떠올려 보게 하고, 생활 속에서 시각 장애인이 겪을 불편함에 대해 생각해 보도록 안내합니다.

장애 이해 수업 고수 되기

귀는 쫑긋, 발은 사뿐사뿐

🟤 **준비물** 안대 1개, 의자 1개, 작은 물건(인형, 지우개, 우유, 작은 공 등)

🐕 **활동 방법**

① 탐정 역할을 맡은 학생 1명이 안대를 쓰고 교실 앞에 놓아 둔 의자에 앉습니다.

② 탐정이 앉은 의자 아래에 작은 물건을 하나 놓습니다.

③ 나머지 학생들은 모두 교실 뒤쪽에 앉아 있다가 교사의 신호에 맞추어 의자 밑에 있는 물건을 가지러 갑니다.

④ 탐정은 교사의 신호에 맞추어 소리가 나는 쪽을 손으로 가리키며 "멈춰!" 하고 외칩니다.

⑤ 탐정이 가리키는 손가락 방향에 서 있던 학생은 교실 뒤쪽에 가서 3초를 센 후 다시 출발합니다.

⑥ 탐정에게 들키지 않고 의자 아래 물건을 획득한 학생은 그다음 놀이에서 탐정 역할을 맡습니다.

⑦ 활동이 끝난 후 다 함께 활동 소감을 나눕니다.

TIP

- 의자 아래에 두는 물건으로는 부드럽고 한 손으로 쥐기에 편한 것이 좋습니다.

- 놀이에 참여하는 인원이 너무 많은 경우 놀이 과정이 어수선하거나 놀이가 쉽게 끝나 버릴 수 있습니다. 모둠을 나누어 진행하면 더욱 긴장감 있게 놀이를 할 수 있습니다.

- 놀이가 진행되는 동안 모든 학생은 교사의 신호에 맞추어 움직여야 함을 사전에 안내합니다.

- 탐정이 가리키는 손가락 방향에 해당 학생이 있었는지의 여부는 교사나 심판 역할을 맡은 학생이 판단합니다.

- 의자 아래에 물건을 두지 않고도 놀이를 할 수 있습니다. 탐정에게 걸리지 않고 도착점(교실 끝 쪽)까지 안전하게 도착하는 학생이 승리하는 형태로 놀이를 바꾸어 진행해도 좋습니다.

- 활동 소감을 나눌 때, 탐정 역할을 맡은 학생들은 눈이 보이지 않음에도 다른 학생이 움직이는 것을 어떻게 알았는지 이야기해 보게 합니다.

나는 누구일까요?

🌀 **준비물** 물건을 넣을 상자(앞부분과 윗부분이 뚫린 상자), 안대, 여러 가지 물건(원기둥 모양의 상자, 직육면체 모양의 상자, 탁구공 등)

🐄 활동 방법

① 3~4명이 한 모둠이 되도록 모둠을 구성하고, 상자 안에 넣을 물건을 모둠의 인원수만큼 준비합니다.

② 모둠별로 나와 안대를 쓰고 한 사람씩 상자 속 물건을 만져 봅니다.

③ 모둠원끼리 각자 만진 물건에 대해 추리한 후 물건들의 공통점을 찾아 이야기합니다.

　㉠ 1번 학생이 연필, 2번 학생이 지우개, 3번 학생이 볼펜을 만졌다면 공통점은 '학용품'입니다.

📢 TIP

💡 교사가 모든 물건을 준비할 수도 있고, 모둠별로 공통적 특징을 지닌 물건들을 준비하게 한 후 다른 모둠과 바꾸어 활동하도록 할 수도 있습니다.

💡 학습 내용과 관련된 물건을 준비하는 것도 좋습니다.
　㉠ 기둥 모양 - 원기둥, 사각기둥, 오각기둥 등

💡 상자 안의 물건을 만질 때에는 1명의 학생이 각각 1개의 물건만을 만질 수 있도록 합니다.

💡 안대를 쓰고 추리하는 학생에게 말로 단서를 주지 않도록 미리 주의를 줍니다.

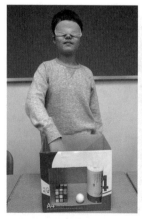

무용담 나누기

선생님 한마디

  마술을 시작하기 전, 아이들에게 서로 다른 색의 색종이를 하나씩 나누어 주며 5가지 감각 기관을 그리라고 했을 때 무슨 활동일까 궁금해하며 눈을 빛내던 모습이 생생합니다. 선생님의 설명을 잘 듣고 그대로 따라 해야 마술이 성공할 수 있음을 이야기하고 마술을 시작했는데 아이들이 얼마나 집중을 잘하던지요. 아이들이 대충 따라 해서 마술이 엉망이 되면 어쩌나 걱정한 것이 무색해졌습니다.

  마지막으로 모두 같은 카드가 나온 것을 알았을 때 아이들은 알 수 없는 짜릿함과 하나가 된 듯한 가슴 벅참을 느꼈다고 합니다. 교실 여기저기서 "제가 마술을 하다니 신기해요.", "마술이 어려운 게 아니네요!" 하는 감탄도 들려왔습니다.

  자신이 직접 만든 카드로 마술을 할 수 있어서 아이들에게도 더 의미가 있었던 모양입니다. 아이들의 흥미도가 높아진 만큼 당연히 수업 집중도와 호응도도 높아졌죠. 이것이 오늘도 교육마술을 연구하게 만드는 힘이라고 생각합니다.

아이들 활동 소감

재민 '오감 카드 마술'은 어디서나 쉽게 할 수 있는 간단한 마술이어서 더 좋았어요. 그리고 눈이 안 보일 때 친구가 뒤에서 손으로 알려 주니 친구를 믿고 움직일 수 있었어요. 그래서 시각 장애인을 도와주는 안내견이 있나 봐요.

은채 '믿음으로 가는 자동차' 놀이에서 제가 먼저 운전사가 되었어요. 제가 운전하는 대로 자동차가 잘 따라 주었어요. 그런데 그다음에 제가 자동차가 되니 앞이 안 보여서 무서웠어요. 그렇지만 친구를 믿고 하라는 대로 천천히 움직이니까 처음보다 편안해졌어요.

허연 '귀는 쫑긋, 발은 사뿐사뿐' 활동을 처음 해 보았는데 정말 재미있었고 가족과도 해 보고 싶어요. 안대로 눈을 가리니까 귀에 들리는 소리에 더욱 집중하게 되었어요.

효 수업 고수 되기

5월 8일은 '어버이날'입니다. 큰 사랑을 베풀어 주시는 부모님의 마음, 우리는 그 마음의 백분의 일이라도 알 수 있을까요? "낳아 주셔서 감사합니다. 키워 주셔서 고맙습니다."라는 말로는 다 표현하지 못할 만큼 부모님의 사랑은 크고 위대합니다.

'효' 수업의 고수가 되는 지름길은 간단합니다. 학생 스스로 부모님 사랑의 무게를 느껴 보고 부모님께 진실된 마음을 전할 수 있도록 하는 것입니다. 이번 수업을 통해 부모님께 사랑과 감사의 마음을 전해 보게 하는 것은 어떨까요? 학생은 물론이고 학부모님께도 따뜻한 선물로 기억될 것입니다.

고수의 비법

문장 완성 스케치북 마술

예언 봉투 속 문장이 스케치북에 나타나게 하는 마술

준비 난이도 ▨▨▨▨▨　　기술 난이도 ◉◉◉◉◉

함께 하는 무림 활동

달걀 부모의 하루: 방패 놀이

부모의 마음으로 하루 동안 자신의 달걀 아이를 지켜 내는 활동

도전! 어버이날 미션 임파서블

부모님을 위해 친구들이 작성한 특별한 미션을 수행하는 활동

사랑 쿠폰 북 만들기

손으로 잡아당기면 쿠폰이 펼쳐지며 편지가 나타나는 신기한 쿠폰 북을 만드는 활동

고수의 비법

문장 완성 스케치북 마술

1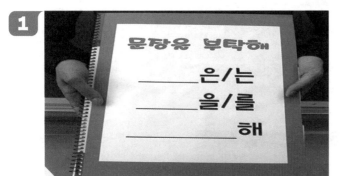

스케치북의 앞표지가 학생들을 향하도록 듭니다.

선생님이 문장 완성 스케치북을 가지고 왔습니다. 이 스케치북으로 다양한 문장을 만들 수 있어요.

2

A 부분(주어), B 부분(목적어), C 부분(서술어)을 각각 잡고 1장씩 넘기면서 해당 부분에 적혀 있는 다양한 말들을 보여 줍니다.

스케치북은 '~은/는', '~을/를', '~해' 세 부분으로 나누어져 있습니다. 각 자리에 어떤 말들이 적혀 있는지 함께 살펴봅시다.

방금 살펴본 말들을 합쳐서 어떤 문장들을 만들 수 있을까요?

효 수업 고수 되기

3

학생들이 문장을 이야기하는 동안 교사는 내용이 보이지 않도록 빈 종이에 '부모님은 너희를 사랑해'를 씁니다. 예언 봉투에 종이를 넣은 후 한 학생에게 예언 봉투를 보관하게 합니다.

여러분이 생각한 다양한 문장들을 불러 주세요. 선생님은 어떤 문장을 종이에 써서 예언 봉투에 넣겠습니다. 이 봉투는 △△(이)가 보관해 주세요.

4

스프링 부분이 위로 향하도록 스케치북을 잡습니다.

우리 함께 문장 완성 스케치북으로 하나의 문장을 만들어 봅시다.

5

A 부분 전체를 다 잡은 후 종이를 하나씩 밑으로 떨어트리며 학생에게 'STOP'을 외치게 합니다.

선생님이 스케치북을 넘기는 동안 ○○(이)가 원하는 곳에서 'STOP'을 외쳐 주세요.

6

멈춘 곳의 글자가 잘 보일 수 있도록 나머지 종이를 뒤로 넘깁니다. 다른 학생을 선정하여 B 부분과 C 부분도 같은 방식으로 'STOP'을 외치게 합니다.

3명의 친구가 'STOP'을 외친 부분에서 만들어진 문장은 '부모님은 너희를 사랑해'입니다.

7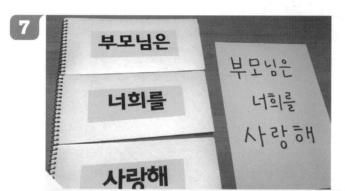

스케치북의 문장과 예언 봉투 속 문장이 일치하는지 확인합니다.

이제 △△(이)가 보관하고 있던 예언 봉투 속 문장을 확인해 볼까요?

짠! 스케치북의 문장과 선생님의 예언이 일치합니다!

여러분을 사랑하는 부모님의 마음이 교실까지 전달되어 마술이 성공했습니다.

준비물

문장 완성 스케치북, 예언 봉투(서류 봉투), 빈 종이, 네임 펜

🎀 도구 만들기

1
문장 완성 스케치북을 만들기 위해서는 8절 스케치북(표지가 두꺼운 전문가용), 30cm 자, 칼, 고정용 집게, 색연필이 필요합니다.

2 스케치북에서 짝수 번째 장(2, 4, 6, 8번째 장 등)의 긴 면을 0.5cm씩 모두 자릅니다.
- 홀수 번째 장: 아무것도 잘려 있지 않은 상태
- 짝수 번째 장: 긴 변이 0.5cm 잘린 상태

그리고 앞표지, 뒤표지를 제외한 종이를 집게로 고정한 후 3등분하여 자릅니다.

짝수 번째 장

집게로 고정 후 자르기

잘린 모습

3 A, B, C 세 부분으로 잘린 스케치북에 홀수 번째 장, 짝수 번째 장으로 나누어서 색연필로 글씨를 씁니다.

• 홀수 번째 장(1, 3, 5, 7, 9번째 장 등)

- 제일 첫 번째 장의 A 부분에는 '_은/는', B 부분에는 '_을/를', C 부분에는 '_해'를 씁니다.

- 나머지 홀수 번째 장에는 아래와 같이 다양한 말들을 씁니다. 이때 '부모님은', '너희를', '사랑해'는 스케치북의 중간 순서쯤에 씁니다.

A 부분	'부모님은'을 포함한 다양한 주어 쓰기 예 '선생님은', '고양이는', '아저씨는', '부모님은', '나는', '학생은' 등
B 부분	'너희를'을 포함한 다양한 목적어 쓰기 예 '생선을', '동생을', '너희를', '노래를', '장난감을', '컴퓨터를' 등
C 부분	'사랑해'를 포함한 다양한 서술어 쓰기 예 '싫어해', '미워해', '사랑해', '존경해', '질투해', '귀여워해' 등

• 짝수 번째 장(2, 4, 6, 8, 10번째 장 등)

A 부분	모두 '부모님은' 쓰기
B 부분	모두 '너희를' 쓰기
C 부분	모두 '사랑해' 쓰기

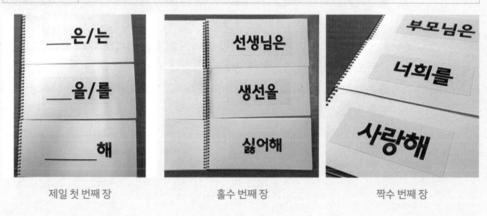

제일 첫 번째 장   홀수 번째 장   짝수 번째 장

4 스케치북 앞표지를 꾸미고 나면 문장 완성 스케치북이 완성됩니다.

🎀 비법 풀이

1

A (주어)
B (목적어)
C (서술어)

문장 완성 스케치북은 A(주어), B(목적어), C(서술어) 세 부분으로 나뉘어 있습니다. 홀수 번째 장(1, 3, 5, 7번째 장 등)에는 주어, 목적어, 서술어 자리에 들어갈 다양한 말들이 쓰여 있고 짝수 번째 장(2, 4, 6, 8번째 장 등)에는 모두 '부모님은', '너희를', '사랑해'가 쓰여 있습니다.

2

다양한 말들을 보여 줄 때   'STOP'을 외치게 할 때

학생들에게 다양한 말들을 보여 줄 때와 'STOP'을 외치게 할 때 교사가 스케치북을 잡는 방식이 다르므로 스케치북의 방향에 유의해야 합니다. 사진처럼 다양한 말들을 보여 줄 때는 스케치북의 스프링이 교사의 오른편에 위치하도록 하고, 'STOP'을 외치게 할 때는 스프링이 위쪽을 향하도록 잡습니다.

3

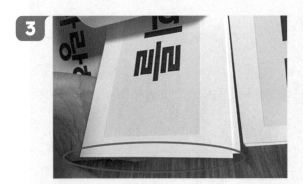

짝수 번째 장(2, 4, 6, 8번째 장 등)은 종이가 0.5cm씩 잘려 있기 때문에 종이를 1장씩 밑으로 떨어트리면 어느 부분에서 멈추든지 상관없이 모두 짝수 번째 장만 나타나게 됩니다. 그래서 A 부분은 '부모님은', B 부분은 '너희를', C 부분은 '사랑해'가 나타나게 됩니다.

📖 유의할 점

☑ 일반 스케치북을 사용할 경우 표지가 단단하지 않아서 마술 시연이 힘듭니다. 뒤표지에 아크릴 판이나 하드보드지를 덧대어 사용하면 스케치북이 튼튼하게 지지됩니다.

☑ 스케치북의 제일 마지막 장은 반드시 홀수 번째 장이 되도록 합니다.

☑ 스케치북을 3등분으로 자를 때 스프링 안쪽의 종이까지 잘 자르도록 합니다.

☑ 스케치북에 글씨를 쓸 때는 종이 뒷면에 글씨가 비치지 않도록 색연필을 사용하거나 라벨지에 글씨를 인쇄하여 붙이는 것이 좋습니다.

☑ 글씨는 스프링에 가까운 쪽이나 가운데에 쓰는 것이 좋습니다. 글씨가 오른쪽으로 치우치면 마술을 할 때 내용이 보일 염려가 있습니다.

☑ 홀수 번째 장에 글씨를 쓸 때 '부모님은', '너희를', '사랑해'를 스케치북의 중간 순서쯤에 쓰도록 합니다. 너무 앞쪽이나 뒤쪽에 쓰여 있는 경우 학생들이 순서를 기억할 수도 있습니다.

☑ 마술 시연 시 종이를 밑으로 떨어트리는 동안 안에 쓰인 글씨가 보이지 않도록 주의합니다. 오른손으로 떨어지는 종이를 받쳐 글씨가 보이지 않게 합니다.

☑ 'STOP'을 외친 곳에서 학생이 직접 손가락으로 멈춘 부분을 짚도록 하면 마술이 더욱 실감 나게 진행됩니다.

☑ 예언 종이에 '부모님은 너희를 사랑해'를 쓸 때 학생들이 내용을 보지 않도록 주의합니다. 수업 전에 미리 예언 문장이 적힌 예언 봉투를 준비해도 좋습니다.

📚 무력 보강하기

💡 수업에 활용하기 좋은 책: 『엄마 까투리』(권정생 글·김세현 그림)
새끼들을 지켜 내기 위한 엄마 까투리의 사랑이 잘 나와 있는 그림책으로, 학년에 상관없이 부모님의 큰 사랑을 일깨워 주기에 좋습니다. 문장 완성 스케치북 마술을 보여 준 후 무림 활동 전에 읽어 주면 학생들이 조금 더 진지한 자세로 활동에 임하게 됩니다.

비법 응용

🔮 국어 교과 활동: 문장 성분을 공부하는 수업에 활용할 수 있습니다.

⋯ 주어, 목적어, 서술어가 모여 하나의 문장이 완성된다는 것을 설명한 후, 스케치북의 내용으로 다양한 문장들을 만들어 봅니다. 'STOP'을 외친 곳에서 '우리는 문장을 만듭니다' 등의 예언 문장이 나타나도록 구성합니다.

🔮 사회 교과 활동: 역사적 사건과 관련된 날짜를 인상적으로 제시할 수 있습니다.

⋯ 스케치북에 1919년, 4월, 11일이 나오게 한 후, 예언 종이에 '임시 정부 수립일'을 적어 놓습니다.

달걀 부모의 하루: 방패 놀이

🥟 **준비물** 삶은 달걀, 네임 펜, 종이컵(소), 빈 종이, 활동지, 필기도구

🐄 **활동 방법** 활동지 314쪽

① 네임 펜으로 삶은 달걀을 꾸며서 자신만의 달걀 아이를 만들고 이름을 정합니다.

② 종이컵 밑바닥을 십자 모양으로 자른 후 종이를 안쪽으로 접어 종이컵 유모차를 만듭니다.

③ 종이컵에 달걀 아이의 이름을 쓴 후, 종이컵을 뒤집어 놓고 달걀 아이를 그 위에 올려놓습니다.

④ 활동지를 활용하여 자신의 달걀 아이가 어떤 모습으로 성장하면 좋을지 쓰고 친구들 앞에서 발표합니다.

⑤ 하루 종일 달걀 아이와 함께 생활합니다.
  - 수업 중: 뒤집어 놓은 종이컵 위에 달걀 아이를 세워 놓고 틈틈이 보살핍니다.
  - 움직일 때: 종이컵을 바로 놓은 상태에서 달걀 아이를 그 안에 넣은 후 데리고 다닙니다.

⑥ 달걀 아이를 유치원에 보내거나 산책을 시키는 등 다양한 활동을 합니다.

⑦ 모둠끼리 '방패 놀이'를 진행합니다.
  (1) 각자 2~3장의 종이에 학교 폭력, 언어 폭력, 안전 사고 등 아이들에게 닥칠 수 있는 시련 내용을 쓴 후 종이를 구겨서 종이 뭉치를 만듭니다.
  (2) 제한 시간 1분 동안 일정한 거리에서 한 학생의 달걀 아이를 향해 종이 뭉치를 던집니다.
  (3) 달걀 아이의 부모는 손끝을 모아 둥글게 만든 후 다른 학생들이 던지는 종이 뭉치들을 막아 냅니다.
  (4) 다른 친구의 달걀 아이에게도 같은 활동을 진행합니다.
  (5) 시련을 겪고 난 후 달걀 아이의 상태를 살핍니다.
  (6) 내 달걀 아이가 다쳤을 때의 마음, 내가 던진 종이 뭉치로 인해 다른 친구의 달걀 아이가 다쳤을 때의 마음 등 활동 후 느낀 점을 이야기합니다.

⑧ 활동지에 활동 소감 및 부모님께 드리고 싶은 말을 적은 후 다른 친구들과 공유합니다.

📋 TIP

💡 삶은 달걀은 학생들이 각자 집에서 준비해 오게 합니다.

💡 눈 모양 스티커를 활용해서 달걀 아이를 꾸미면 좋습니다.

💡 아이를 두고 다니거나 방치하면 '아동 학대'가 될 수 있음을 미리 이야기합니다.

💡 교실 한 구석에 유치원을 마련해 놓고 정해진 시간에 달걀 아이를 유치원에 보낼 수도 있습니다. 유치원에 있는 달걀 아이들을 보자기로 덮어 두고 보이지 않게 하면 아이가 다칠까 봐 노심초사하는 부모님의 마음을 느낄 수 있습니다.

💡 '방패 놀이'에서 종이 뭉치는 아이가 겪을 수 있는 시련을 의미합니다. 안전사고, 학교 폭력 등 다양한 시련이 아이에게 닥칠 수 있음을 이야기합니다.

💡 종이 뭉치 대신 종이 비행기를 날리는 방식으로 변형해도 좋습니다.

💡 해당 달걀 아이의 부모는 종이 뭉치들을 너무 가까이에서 막지 않도록 합니다. 가까이에서 모든 것을 해결해 주려고 하는 것은 '과잉보호'가 될 수 있음을 이야기합니다.

💡 '방패 놀이'가 끝나면 달걀 아이와 달걀 부모가 겪었을 고통을 생각해 보도록 지도하고, 내 아이가 소중한 만큼 다른 아이도 소중하다는 것을 일깨워 줍니다. 일상생활 속에서 다른 사람에게 시련을 주는 사람이 되지 않도록 해야 함을 강조합니다.

💡 활동이 끝난 후 달걀 아이는 집으로 가져갑니다. 달걀 아이를 어떻게 처리할지 부모님과 함께 고민해 보도록 안내합니다.

💡 부모님께 활동지를 보여 드리고 달걀 아이를 키우면서 느꼈던 마음이나 힘들었던 점 등에 대해 함께 이야기 나누도록 하면 교육 효과를 더욱 높일 수 있습니다.

효 수업 고수 되기

도전! 어버이날 미션 임파서블

🔵 **준비물** 미션 종이, 미션 종이를 담을 수 있는 미션함, 활동지, 필기도구

🐎 **활동 방법** 활동지 315쪽

❶ 미션 종이에 부모님을 기쁘게 해 드릴 수 있는 미션과 그 미션이 필요한 이유를 적습니다.

㉠ 부모님과 손잡고 산책하며 오붓하게 대화하기, 힘들게 일하시는 부모님 손에 핸드크림 발라 드리기, 주말에 부모님이 늦잠을 주무실 수 있도록 아침 식사 준비하기 등

❷ 미션 종이를 2번 접어서 미션함에 넣고 잘 섞은 후, 각자 1개씩 뽑습니다.

❸ 주말을 활용해서 종이에 적힌 미션을 수행합니다.

❹ 일기장에 미션 종이를 붙이고 미션을 수행하면서 있었던 일과 느낀 점을 적습니다.

❺ 미션을 수행하면서 느낀 점을 발표합니다.

📝 **TIP**

💡 미션 종이를 바로 작성하게 하기보다는 모둠 토의 활동을 거친 후에 작성하도록 하는 것이 좋습니다. 다양한 미션과 그 미션이 필요한 이유를 함께 이야기하다 보면 재미있고 의미 있는 미션이 많이 나옵니다.

💡 자신이 적은 미션을 스스로 수행하는 것이 아니라 다른 친구가 수행하게 된다는 점을 미리 안내하면 더욱 신중하게 미션 종이를 작성하게 됩니다.

💡 미션 수행 후 미션 종이에 부모님의 후기를 적어 오게 하거나 학급 홈페이지에 미션 수행 사진을 올리게 하는 것도 좋습니다.

💡 학생들은 자신이 적은 미션을 친구들이 어떻게 수행했는지 궁금해합니다. 따라서 느낀 점을 발표하는 시간을 주는 것이 좋습니다.

사랑 쿠폰 북 만들기

🥁 **준비물** 검은색 도화지 $\frac{1}{4}$ 크기(길게 $\frac{1}{4}$ 등분한 것), 흰 띠(A4 용지나 도화지를 길게 잘라 만든 종이 띠), 단면 색종이(6가지 색깔, 일반 색종이 $\frac{1}{4}$ 크기), 풀, 연필, 자, 가위, 네임 펜

🐄 활동 방법

❶ $\frac{1}{4}$ 크기의 색종이를 반으로 접어 반쪽짜리 하트 모양을 그린 후 선을 따라 자릅니다. (하트 샘플로 활용)

❷ $\frac{1}{4}$ 크기의 검은색 도화지에 하트 모양 크기가 잘 맞는지 확인합니다.

❸ 6가지 색깔의 색종이 뒷면에 하트 모양을 따라 그린 후 자릅니다.

❹ 색종이 앞면에 부모님을 위한 효도 쿠폰 내용을 씁니다.

❺ 검은색 도화지의 오른쪽에 여유 공간을 4~5cm 정도 둔 후 하트 모양을 놓습니다.

❻ 하트 윗부분 끝부터 시작해서 왼쪽으로 1.5cm씩 간격을 두어 연필로 선 6개를 긋습니다.

❼ 6개의 선을 뒤쪽 방향으로 모두 접습니다.

❽ 하트 쿠폰의 뒷면에 풀칠을 합니다. 이때 전체에 풀칠을 하는 것이 아니라 하트 윗부분에만 풀칠을 합니다.

❾ 6개의 선에 맞추어 쿠폰을 모두 붙인 후 검은색 도화지가 두 겹이 되도록 접습니다.

❿ 흰 띠를 검은색 도화지 크기에 맞게 뒤로 접은 후 띠 안쪽에만 풀칠을 합니다.

⓫ 쿠폰 북 앞쪽에 흰 띠를 붙인 후, 쿠폰 북 뒷면은 띠 끝에만 풀칠을 해서 띠끼리 붙입니다.

⓬ 쿠폰 북의 끝부분을 원하는 형태로 자릅니다.

⓭ 쿠폰 북 끝을 잡아당기면 하트가 밀려 올라가면서 잡아당긴 쪽의 검은색 도화지가 길어집니다. 그곳에 종이를 붙이고 편지를 쓸 수 있습니다.

📝 TIP

💡 하트 모양 종이가 검은색 도화지보다 크지 않게 만드는 것이 좋습니다.

💡 쿠폰은 글씨가 번지는 것을 방지하기 위해 네임 펜을 사용하여 꾸미는 것이 좋습니다.

💡 흰 띠는 쿠폰 북 앞면에만 붙이고 뒷면에는 붙이지 않습니다. 쿠폰 북 뒷면의 경우 꼭 흰 띠끼리만 붙입니다.

💡 이 쿠폰 북은 유튜브에 있는 '하트 폭포 카드'를 응용하여 만들었습니다. 유튜브를 참고하시면 제작 과정을 더욱 자세히 살펴볼 수 있습니다.

🪵 무력 보강하기

💡 수업에 적용할 수 있는 노래 추천: 라디의 「엄마」 (라디 작사·작곡·편곡)
이 노래는 어머니에 대한 감사함을 가사로 잘 표현한 노래로, 수업을 정리하면서 활용하기 좋습니다. 유튜브에 노래와 관련된 영상이 많이 있으므로 영상을 활용하는 것을 추천합니다.

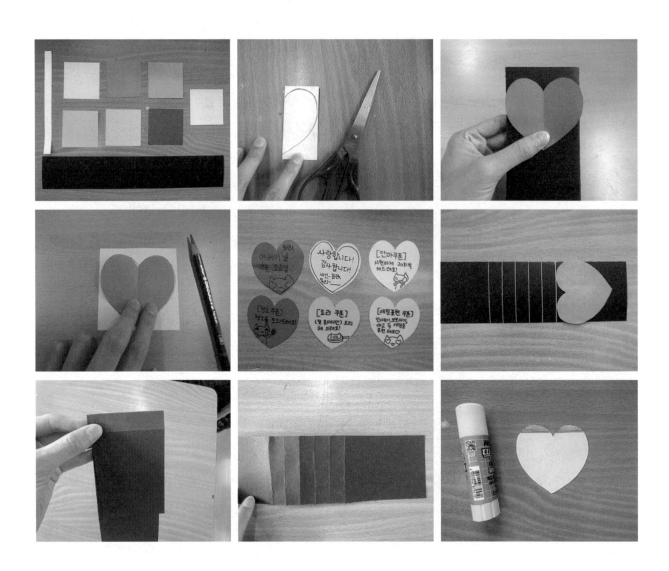

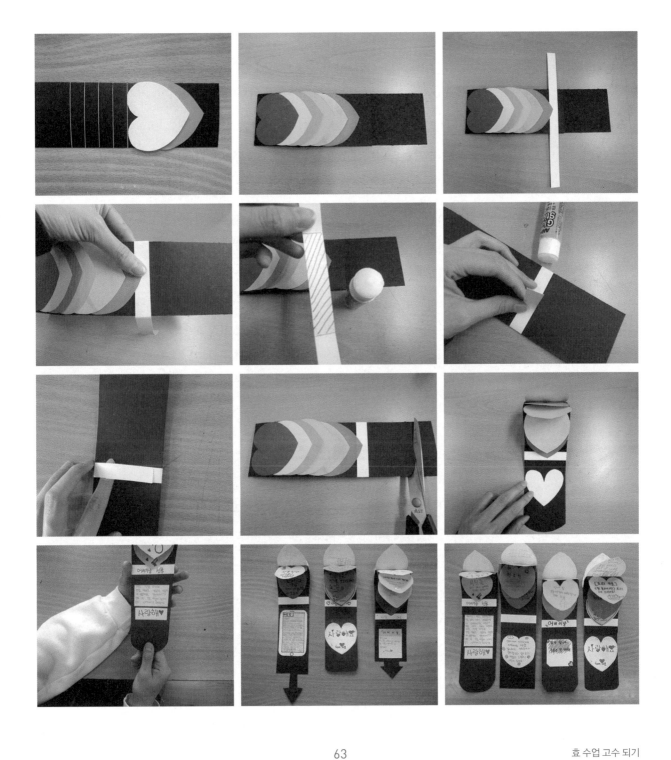

무용담 나누기

선생님 한마디

'문장 완성 스케치북 마술'로 수업을 시작하자 아이들의 눈이 휘둥그레졌습니다. 그리고 스케치북에 "부모님은 너희를 사랑해."라는 문장이 나타나자 아이들은 신기해하며 마술의 해법을 캐물었습니다. 마술만으로도 특별해진 어버이날 수업, 시작부터 느낌이 참 좋았습니다.

'달걀 부모의 하루' 활동을 마친 아이들의 입에서 '책임감'이 튀어 나왔습니다. 누군가를 지켜 내야 한다는 사랑의 무게감을 아이들이 조금이나마 느꼈던 것일까요? 달걀 아이와 하루를 보내는 동안 아이들의 마음은 한 뼘 성장해 있었습니다. 교실에서 느꼈던 감사의 마음은 가정으로까지 잘 이어졌습니다. 아이들은 '도전! 어버이날 미션 임파서블'을 통해 주말 동안 주어진 미션을 멋지게 해냈습니다. 부모님의 후기가 적힌 미션 종이에는 행복했던 당시의 시간들이 고스란히 담겨 있었습니다. 아이들의 '사랑 쿠폰 북'도 부모님께서 알뜰살뜰 잘 쓰고 계시는지, 쿠폰 북 때문에 할 일이 많아졌다는 아이들의 귀여운 투정도 한동안 이어졌죠.

이번 수업을 통해 부모님도, 아이들도, 교사인 저도 큰 선물을 받았습니다. 벅찬 사랑의 마음을 느낄 수 있었기에 행복했던 이번 수업은 오래도록 잊지 못할 것 같습니다. 큰 사랑을 베풀어 주시는 이 세상의 모든 부모님들, 존경합니다.

아이들 활동 소감

정민) 달걀 아이를 잘 지키지 못했을 때 미안한 마음이 들면서 더 큰 책임감이 생겼어요. 그리고 늘 저를 걱정하시는 부모님의 마음이 떠올라 울컥했어요.

인우) 어버이날 미션으로 부모님께 볶음밥을 만들어 드렸는데, 엄마가 볶음밥을 드실 때 심장이 쿵쾅거렸어요. 세상에서 제일 맛있는 볶음밥이라고 엄마가 말씀해 주셔서 눈물이 날 만큼 감사했어요.

예진) 사랑 쿠폰 북이 좌라락 펼쳐지는 모습이 재미있었어요. 아빠가 쿠폰 북을 쓰고 계시는데, 힘들기는 해도 뿌듯합니다.

다문화 수업 고수 되기

5월 20일은 '세계인의 날'입니다. 이날은 다양한 민족과 문화권의 사람들이 서로 이해하고 공존하는 사회를 만들자는 취지로 제정한 기념일입니다.

이제 우리 사회에서 외국인을 만나는 일은 흔한 일입니다. 하지만 아직도 우리는 외국인을 대하기가 어색하기만 합니다. 다른 문화에 대해 깊이 이해하려 하지 않고 외적인 모습만으로 그들을 판단하는 경우도 많습니다. 앞으로 도래할 다문화 사회를 살아가기 위해서는 다른 문화에 대한 관심과 이해가 필요합니다. 이번 수업을 통해 학생들이 '다름'을 옳고 그름으로 이해하는 것이 아니라 '다름' 그 자체로 이해하고 존중하는 태도를 배우길 기대해 봅니다.

고수의 비법

한마음 카드 마술

4개의 카드 더미 위에 같은 모양 카드가 동시에 나타나는 마술

준비 난이도 　　　기술 난이도

함께 하는 무림 활동

마술 전에 먼저
문화 카드 만들기
세계 여러 나라의 특성을 담은 문화 카드를 만드는 활동

마술 전에 먼저
문화 카드 현상 수배
친구가 설명하는 카드를 추리하여 점수를 획득하는 놀이

마술 전에 먼저
키워드 돌림판
다문화 사회와 관련하여 친구들이 쓴 키워드의 의미를 추측해 보는 활동

한마음카드마술

이 마술은 '함께 하는 무림 활동'을 마친 후에 하는 마술입니다.

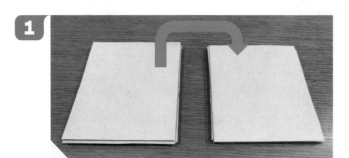

한마음 카드를 둘로 나눕니다.

세계에는 다양한 나라들이 존재합니다. 프랑스, 미국, 인도와 같이 익숙한 나라
도 있지만 우리가 미처 알지 못하는 나라들도 많습니다.

한마음 카드를 다시 각각 둘로 나눕니다.

그리고 세계 여러 나라에는 다양한 사람들이 다양한 문화를 가지고 살아가고
있습니다.

3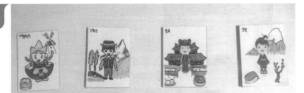

4등분한 카드 더미의 맨 위에 있는 카드를 모두 뒤집습니다.

다른 나라의 문화에 대해 이야기할 때, 우리는 각 나라를 대표하는 무언가를 떠올립니다. 네덜란드라고 하면 풍차, 스위스라고 하면 알프스산맥, 중국이라고 하면 만두와 마파두부, 일본이라고 하면 화산과 초밥 등을 떠올리지요.

4

설명한 카드를 다시 뒤집어서 뒷면이 위를 향하는 상태로 각 카드 더미의 가장 아래에 넣습니다.

그런데 다문화 사회가 되어 가는 요즘에는 단순히 문화를 아는 것에서 나아가 다른 나라의 문화를 깊이 있게 이해하고 존중하려는 마음이 필요합니다.

5

가장 왼쪽 카드 더미를 들고 학생들의 주문에 따라 제일 위에 있는 카드 3장을 해당 카드 더미 아래로 내립니다.

따뜻한 다문화 사회를 만들기 위해 함께 주문을 외워 봅시다. 주문은 우리 반이 정한 '다문화 사회에서 버려야 할 마음 3가지와 가져야 할 마음 3가지'입니다. 먼저 버려야 할 마음 3가지를 큰 소리로 하나씩 외쳐 주세요.

다문화 수업 고수 되기

6
들고 있는 카드 더미의 위에 있는 카드 3장을 1장씩 다른 카드 더미 위에 올려놓습니다.

더불어 살아가기 위해서는 서로 마음을 나누는 과정도 필요하겠죠? 우리가 가져야 할 마음 3가지를 외치면 카드를 1장씩 다른 더미에 나누어 주겠습니다.

7 나머지 3개의 카드 더미도 차례로 하나씩 들고 **5**~**6**의 과정을 반복합니다.

8
4개의 카드 더미에서 맨 위에 있는 카드를 모두 뒤집습니다.

과연 우리의 주문은 어떤 결과를 가져왔을까요? 맨 위의 카드들을 뒤집어 보겠습니다. 와! 우리의 노력 덕분에 모두가 하나가 되는 지구촌이 만들어졌습니다. 오늘 외친 주문을 기억하며 행복한 다문화 사회를 만들기 위해 노력합시다.

 비법 공개

🎗 **준비물**

한마음 카드(학생들이 만든 문화 카드+교사가 만든 지구촌 카드 4장)

68

✂️ 비법 풀이

1
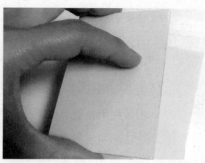

지구촌 카드 4장과 문화 카드 1장을 사진과 같이 배열한 후, 그대로 뒤집어 카드 더미 위에 놓습니다. 그러면 맨 위부터 차례로 문화 카드 1장과 지구촌 카드 4장이 놓입니다.

2

카드를 4개의 더미로 나누었을 때 미리 배열해 둔 카드(지구촌 카드 4장, 문화 카드 1장)들은 제일 오른쪽에 위치하게 됩니다.

3
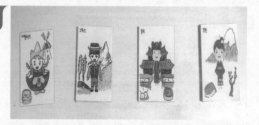

맨 위의 카드를 1장씩 뒤집어 설명하고 난 후 이 카드들을 다시 뒤집어 더미의 제일 밑에 넣게 되면 오른쪽 카드 더미에는 지구촌 카드 4장이 제일 위에 있게 됩니다.

4

왼쪽 카드 더미부터 정해진 규칙에 따라 카드를 나누어 주면 마지막에는 각 카드 더미의 맨 위에 지구촌 카드가 올라오게 됩니다.

📖 유의할 점

- ☑ 지구촌 카드의 위치를 잘 기억해야 합니다. 가급적 오른쪽 카드 더미에 오도록 배치하는 것이 마술을 진행하는 데 용이합니다.
- ☑ 카드를 책상 위에 두고 교사 혼자 진행하기보다는 3명의 학생을 선정하여 학생들이 직접 교사의 지시대로 카드 마술을 하게 하면 마술의 재미가 더 커집니다.
- ☑ 카드 더미를 선택하고 카드를 나누어 주는 순서는 정해져 있지 않습니다. 단, 마지막에 선택하는 카드 더미는 반드시 지구촌 카드가 있는 카드 더미여야 합니다.
- ☑ 주문을 외울 때 버려야 할 마음과 필요한 마음을 말하는 과정이 여러 번 반복되면 학생들이 지겨워할 수 있으므로 모둠별로 돌아가며 외치도록 합니다.
  - 첫 번째 카드 더미: 다 함께(버려야 할 마음: 차별, 편견, 무시 / 필요한 마음: 이해, 공감, 인정)
  - 두 번째 카드 더미: 1모둠(버려야 할 마음: 차별, 편견, 무시 / 필요한 마음: 이해, 공감, 인정)
  - 세 번째 카드 더미: 2모둠(버려야 할 마음: 차별, 편견, 무시 / 필요한 마음: 이해, 공감, 인정)
  - 네 번째 카드 더미: 3모둠(버려야 할 마음: 차별, 편견, 무시 / 필요한 마음: 이해, 공감, 인정)

- 🥎 다문화 수업: 세계 여러 나라에 대해 알아보는 수업에 활용할 수 있습니다.
  - ⋯ 공부할 몇 개의 나라를 정하고 각 나라별로 4개씩 카드를 만듭니다. 그다음 예언하고자 하는 나라 카드 4장을 지구촌 카드의 위치에 두고 마술을 진행합니다. 마술을 진행하며 해당 나라에 대한 특징들을 말합니다. 카드를 밑으로 내릴 땐 이 나라와 관련 없는 것, 카드를 1장씩 다른 카드 위에 놓을 때엔 이 나라와 관련 있는 특징을 말합니다. 학생들이 해당 나라를 말하면 교사가 맨 위의 카드를 뒤집으며 정답을 공개합니다.

- 🥎 학생 상담 활동: 집단 상담 시 관계 형성에 활용할 수 있습니다.
  - ⋯ 상담에 사용되는 다양한 카드(솔라디움, 감정 카드 등)들이 있습니다. 먼저 카드를 활용해 학생들의 감정 상태를 확인하고 이야기를 나눕니다. 그리고 마지막에 교사가 전달하고 싶은 메시지(친절, 배려, 이해, 공감 등)와 관련 있는 카드를 맨 위에 오도록 한 뒤 마술을 진행하며 상담을 마무리하면 학생들과 돈독한 관계를 형성하는 데 도움이 됩니다.

마술 전에 먼저 **문화 카드 만들기**

🎯 **준비물** A4 용지, A4 색지, 가위, 풀, 색연필 또는 사인펜, 네임 펜(코팅지에 활동을 할 경우 필요함.)

🐂 **활동 방법**

❶ 9분할된 A4 용지와 A4 색지를 완전히 겹치게 붙입니다.

❷ 붙인 종이를 선대로 자른 후 한 사람당 2장씩 나누어 갖습니다.

❸ 종이에 나라 이름, 국기, 전통 의상, 대표적인 음식이나 건축물 등을 그려 넣으면 문화 카드가 완성됩니다.

📣 **TIP**

💡 교사가 미리 대륙별로 대표적인 나라 4~5개를 골라 목록을 만든 뒤, 학생별로 나라를 정해 주면 다양한 문화 카드를 만들 수 있습니다.

💡 각 나라와 관련된 이미지를 인쇄하여 학생들에게 참고 자료로 나누어 주면 학생들이 좀 더 쉽게 문화 카드를 만들 수 있습니다.

💡 교사가 미리 제단기를 사용하여 종이를 잘라 두면 학생들의 활동 시간을 단축할 수 있습니다.

💡 손 코팅지 또는 일반 코팅지를 위에 붙이면 카드 느낌을 살릴 수 있습니다. 이때, 코팅지 위에는 네임 펜을 이용하여 꾸며야 합니다.

다문화 수업 고수 되기

마술 전에 먼저 **문화 카드 현상 수배**

⚫ **준비물** 문화 카드

🐂 **활동 방법**

❶ 문화 카드를 잘 섞은 후, 모둠당 5장씩 카드를 나누어 갖습니다.

❷ 각 모둠의 대표가 나와 가위바위보로 이야기꾼 역할을 할 순서를 정합니다.

❸ 이야기꾼 모둠은 자신들의 카드 중 하나를 선택하여 그 카드에 대해 설명합니다.
   ㉮ 치즈를 많이 생산하는 나라입니다.

❹ 설명이 끝나면 다른 모둠들은 자신들이 가지고 있는 5장의 카드 중 이야기꾼의 설명과 가장 어울리는 카드를 1장 고릅니다. 그리고 그림이 보이지 않도록 뒤집어서 교사에게 줍니다.

❺ 교사는 받은 카드(각 모둠이 낸 카드와 이야기꾼 모둠의 카드)를 잘 섞은 후, 카드의 앞면이 보이도록 칠판에 붙입니다.

❻ 이야기꾼 모둠을 제외한 모둠은 제시된 카드 중 이야기꾼 모둠의 카드가 무엇인지를 맞혀야 합니다. 칠판에 붙어 있는 카드 중 이야기꾼이 설명한 카드는 무엇일지 추측하여 해당 카드 아래에 모둠 이름을 적습니다.

❼ 이야기꾼 모둠은 자신들이 설명한 카드가 무엇인지 공개하고 각 모둠은 결과에 따라 점수를 받습니다.

[점수 계산 방법]

- 이야기꾼 모둠이 낸 카드를 모든 모둠이 맞힌 경우

이야기꾼 모둠	1점
나머지 모둠	2점

- 이야기꾼 모둠이 낸 카드를 맞힌 모둠이 있는 경우

이야기꾼 모둠	3점
맞힌 모둠	3점
틀린 모둠	0점
가장 많이 오답으로 선택된 카드를 낸 모둠	2점

- 이야기꾼 모둠이 낸 카드를 맞힌 모둠이 없을 경우

이야기꾼 모둠	0점
나머지 모둠	2점

❽ 이야기꾼 카드의 나라와 관련된 문화를 설명하면 추가 점수 0.5점을 받습니다.

❾ 놀이가 끝난 후 가장 점수가 높은 모둠이 승리합니다.

📣 TIP

💡 이 활동은 보드 게임 '딕싯(Dixit)'을 응용한 놀이입니다.

💡 가져간 카드는 다른 모둠에게 보여 주지 않고 해당 모둠원끼리만 보도록 지도합니다.

💡 놀이를 하기 전에 학생들에게 다음 팁을 제시해 주면 좋습니다.

- 이야기꾼 모둠이 높은 점수를 얻기 위해서는 모든 모둠이 정답을 맞혀서도 안 되지만 모든 모둠이 정답을 틀려서도 안 됩니다. 따라서 어떤 모둠은 맞히고 어떤 모둠은 틀리도록 설명할 내용을 잘 선정해야 합니다.
- 이야기꾼 모둠이 아닌 모둠은 다른 모둠에게 혼동을 줄 수 있도록 이야기꾼 모둠이 한 카드 설명과 가장 관련이 있는 카드를 골라야 합니다.

💡 모둠에서 가지고 있는 카드 중에 이야기꾼의 설명과 어울리는 카드가 없는 경우도 있습니다. 그럴 때는 설명과 가장 비슷한 카드를 내도록 안내합니다.

문화카드 현상수배

이야기꾼의 카드를 모두 맞힐 경우 – 이야기꾼 1점, 나머지 모둠 2점
이야기꾼의 카드를 맞힌 사람이 있는 경우 – 이야기꾼 3점, 맞힌 모둠 3점, 틀린 모둠 0점
틀리도록 유도하는 카드 낸 모둠 2점
이야기꾼의 카드를 아무도 맞히지 못할 경우 – 이야기꾼 0점, 나머지 모둠 각 2점
*추가 필수 이야기꾼의 카드에 대한 설명하기 – 개당 0.5점

	1라운드		2라운드		3라운드	
	놀이점수	추가점수	놀이점수	추가점수	놀이점수	추가점수
1	3	0.5+0.5	2	0	2	0
2	3+2	0.5	0	0	2	0.5
3	3	0	2	0.5+0.5	1	0.5+0.5
4	0	0	2	0.5+05	2	0.5+0.5

다문화 수업 고수 되기

마술 전에 먼저 **키워드 돌림판**

🌀 **준비물** 붙임쪽지, 네임 펜, 8절 도화지(돌림판) 2장

🐂 **활동 방법**

① 개인별로 '행복한 다문화 사회를 만들기 위해 우리에게 필요한 마음'이 무엇일지 생각하여 붙임쪽지에 적습니다.

② ①에서 작성한 붙임쪽지를 모둠별로 8절 도화지에 붙인 후 모둠원에게 자신이 쓴 키워드에 대해 설명합니다.
　예 처음 만나는 문화는 낯설고 어렵기 때문에 서로 '공감'하는 태도가 필요합니다.

③ 모둠별로 만든 키워드 돌림판을 다른 모둠과 바꾸어 보며 왜 이런 키워드를 썼을지 추측해 봅니다.
　예 문화가 서로 다른 것을 인정하는 마음이 필요해서 '인정'이라는 낱말을 쓴 게 아닐까?

④ 같은 방법으로 '행복한 다문화 사회를 만들기 위해 우리가 버려야 할 마음'에 대해 알아봅니다.

📝 **TIP**

💡 다문화 사회에 대해 다룬 영화, 드라마 등의 영상 자료를 먼저 보여 준 후 활동을 하면 효과적입니다.

💡 키워드를 보고 친구가 쓴 내용을 추측할 때 친구가 말한 것과 똑같지 않아도 괜찮다고 안내합니다.

💡 '한마음 카드 마술'을 할 때 외치는 주문은 이 활동에서 학생들이 제시한 키워드들입니다. 모둠 활동이 끝난 후 모두가 공감하는 키워드를 3가지씩 함께 정하면 좋습니다.

선생님 한마디

'머리로만 아는 것이 아니라 행동의 변화를 이끌어 내려면 어떻게 해야 할까?' 이번 다문화 수업을 준비하면서 가장 고민한 부분입니다. 이런 고민의 결과일까요? 암기 게임을 하듯 나라별 특징을 외우는 것에만 급급하던 아이들에게서 "이렇게 생활하는 나라도 있네?", "아, 여기는 환경이 이래서 이런 음식을 먹는구나." 하는 깨달음의 목소리가 들려왔습니다.

자신이 만든 카드를 보고 친구들이 이야기하는 모습에 신나 하고, 친구들의 카드는 어떨지 궁금해하기도 하며 집중력도 쑥, 문화 이해도도 쑥쑥 올라가는 것이 느껴졌습니다. 그리고 이렇게 다른 나라의 문화에 대해 충분히 이해한 뒤 '다문화 사회에 필요한 태도'에 대해 생각을 나누니 훨씬 더 깊이 있고 진지한 생각들이 쏟아져 나왔습니다.

수업을 마무리하는 시간에 이야기를 담아 마술을 보여 주었습니다. 마술의 매력은 어떤 이야기든 새롭게 재탄생시킬 수 있다는 것입니다. "우리는 다양한 문화를 존중해야 합니다." 수업 내내 들어 식상해졌을 법한 이 말에 마술이라는 옷을 입히니 더욱 인상적이었나 봅니다. 수업이 끝나고 한참이 지난 뒤에도 이 수업에 대한 이야기를 꺼내고 다문화와 관련된 것을 배울 때면 말이 많아지는 것을 보니 말입니다.

아이들 활동 소감

지윤 › 환경이 다른 곳에서 살다 보니 생각과 행동도 달라진 것 같아요. 예전에는 제 기준으로만 외국인의 태도를 이해했는데 이제는 그러지 말아야겠다고 생각했어요.

희수 › 작은 카드에 한 나라의 모든 것을 담으려고 하다 보니 고민이 많아졌어요. 카드를 만드는 과정은 조금 힘들었지만 직접 만든 카드로 친구들과 공부도 하고 마술까지 보니 뿌듯했어요. 오래 기억에 남을 것 같아요.

건우 › 처음엔 나와 다른 외국인의 모습이 신기했는데, 다르다는 이유로 차별을 받기도 한다는 점을 알고 마음이 무거워졌어요.

환경 수업 고수 되기

6월 5일은 '세계 환경의 날'입니다. 이날은 1972년 6월 스웨덴 스톡홀름에서 열린 유엔 인간 환경 회의에서 국제 사회가 지구 환경 보전을 위해 공동 노력을 다짐하며 제정한 기념일입니다.

우리는 환경을 보호해야 한다고 생각하지만 일상생활 속에서 일회용품이나 냉난방기가 주는 편리함의 매력에 빠져 그 생각을 실천하지 못하는 경우가 많습니다. '환경을 보호해야 한다'는 당위적인 말로는 편리함에 젖은 학생들의 인식과 태도를 변화시키기 힘듭니다. 환경 교육의 핵심은 알고 있는 것을 실천하게 하는 것입니다. 이번 수업을 통해 학생들에게 환경 문제를 몸소 느끼고 환경 보호 활동을 실천할 수 있는 기회를 주는 것은 어떨까요?

고수의 비법

전지전능 예언 마술
학생이 선택한 카드의 내용을 알아맞히는 마술

준비 난이도 　　기술 난이도

함께 하는 무림 활동

내 나무가 생겼어요!
학교 주변의 자연을 자유롭게 탐색하는 활동

환경 오염 전쟁
오염원 역할의 학생에게 잡히지 않도록 피하는 놀이

우리가 만드는 행복한 자연
환경 운동을 실천하는 활동

천지천능 예언 마슬

비법 시연

1

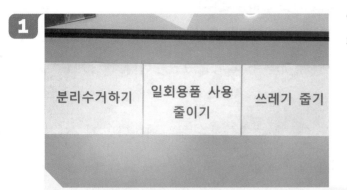

| 분리수거하기 | 일회용품 사용 줄이기 | 쓰레기 줍기 |

'환경 보호 활동'이 적힌 3장의 카드를 칠판에 부착하여 학생들에게 보여 줍니다.

선생님이 카드 3장을 가지고 왔습니다. 이 카드에 적힌 내용에는 어떤 공통점이 있나요? 네, 맞아요. 모두 환경을 보호할 수 있는 방법들입니다. 여러분은 이 중에서 1가지라도 실천해 본 적 있나요?

2

일회용품 사용 줄이기

한 학생에게 3장의 카드 중에서 1장의 카드를 고르게 합니다.

○○(이)가 3장의 카드 중에서 1장을 골라 보세요. 이 중에 ○○(이)가 실천했던 활동이나 친구들에게 추천해 주고 싶은 활동이 있나요? 어떤 카드를 선택했는지 말해 주세요.

3

나는 당신이 **'일회용품 사용 줄이기'**를 선택할 것을 알고 있었습니다.

카드를 뒤집은 후 학생이 선택한 카드에 적힌 예언 내용을 확인합니다. 그리고 교사는 학생이 무엇을 선택할지 이미 알고 있었음을 말해 줍니다.

○○(이)가 고른 카드를 뒤집어 뒷면에 무엇이 적혀 있나 볼까요? 선생님은 ○○(이)가 이 카드를 선택할 것을 이미 알고 있었습니다. 놀랍게도 다른 카드들 뒷면에는 아무것도 적혀 있지 않습니다.

여러분이 지금부터라도 환경을 보호하기 위해 노력한다면 지구에는 마술처럼 놀라운 일들이 일어나게 될 것입니다.

비법 공개

🌀 준비물

A4 용지 5장

🐢 비법 풀이

이 마술은 예언 내용을 각기 다른 장소에 배치한 후, 학생의 선택에 따라 예언 내용을 노출하는 방식으로 진행하는 마술입니다.

1

분리수거하기	일회용품 사용 줄이기	쓰레기 줍기

나는 당신이 **'분리수거'**를 선택할 것을 알고 있었습니다.   나는 당신이 **'쓰레기 줍기'**를 선택할 것을 알고 있었습니다.

A4 용지 3장에 환경 보호 활동을 각각 1가지씩 적고, 나머지 2장에는 예언 내용(⑩ 분리수거, 쓰레기 줍기)을 적습니다.

3장의 카드 중 가운데에 배치할 카드(예 일회용품 사용 줄이기)의 뒷면에 그 카드를 고를 것을 알고 있었다는 예언 내용을 적습니다.

'분리수거' 활동의 예언 내용을 쪽지 형태로 접어서 분리수거함에 넣어 둡니다.

'쓰레기 줍기' 활동의 예언 내용을 쪽지 형태로 접어서 쓰레기통 아래에 넣어 둡니다.

5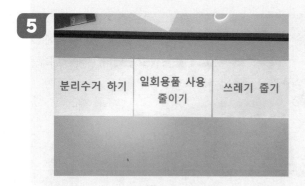

한 학생을 지목하여 3가지 환경 보호 활동 중 1가지를 선택하게 합니다.

분리수거 하기 | 일회용품 사용 줄이기 | 쓰레기 줍기

6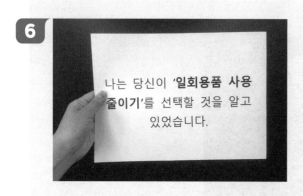

선택한 카드에 해당하는 예언을 보여 줍니다.
- '일회용품 사용 줄이기' 활동을 선택한 경우: 해당 카드를 뒤집어서 카드 뒷면에 적힌 예언 내용을 확인합니다.
- '분리수거' 활동을 선택한 경우: 분리수거 통에 숨겨 놓은 쪽지를 꺼내어 쪽지에 적힌 예언 내용을 확인합니다.
- '쓰레기 줍기' 활동을 선택한 경우: 쓰레기 통 아래에 숨겨 놓은 쪽지를 꺼내 쪽지에 적힌 예언 내용을 확인합니다.

나는 당신이 **'일회용품 사용 줄이기'**를 선택할 것을 알고 있었습니다.

🗺 유의할 점

☑ 각 예언 카드를 숨긴 위치를 잘 기억해야 합니다. 활동 내용과 관련 있는 장소에 숨겨 놓으면 기억하기 쉽습니다. 또는 뒷면에 예언 내용이 적힌 카드를 가운데에 놓고, 첫 번째 카드의 예언 내용은 교사의 오른쪽에 위치한 곳에, 세 번째 카드의 예언 내용은 교사의 왼쪽에 위치한 곳에 놓으면 기억하기 쉽습니다.

☑ 수업 전 카드를 칠판에 부착할 때 뒷면의 예언 내용이 보이지 않도록 주의합니다.

☑ 창문에 예언 카드를 붙여 놓고 블라인드를 내려서 가려 놓아도 좋습니다. 예언 카드를 보여 줄 때는 미리 말하지 않고 블라인드를 서서히 올리면서 보여 주면 마술 효과가 극대화됩니다.

☑ 수업 후 사용하지 않은 예언 카드를 수거할 때 학생들에게 들키지 않도록 유의합니다.

🍡 사회 교과 활동: 세계 여러 나라의 이름을 보여 준 후 학생이 선택한 나라를 예언하는 마술을 통해 학습 동기를 유발합니다.

⋯ 일본, 중국, 러시아 중에서 가 보고 싶은 나라 고르기

🍡 학기 초의 첫 만남 수업 활동: 올해의 다짐 혹은 목표 3가지 중에서 가장 이루고 싶은 항목을 1가지 선택하게 한 후 교사가 이를 맞힘으로써 학생과의 친밀도를 높일 수 있습니다. 학생들에게 미리 올해 이루고 싶은 목표들을 적어 내게 한 후 가장 많이 나온 목표들로 선정하면 좋습니다. 본인이 이루고 싶은 목표가 없다고 대답하는 학생에게는 우리 반 친구들이 이루었으면 하는 목표를 선택하게 합니다.

⋯ 꾸준히 독서하기, 시험 100점 맞기, 매일 10분 이상 운동하기 등

내 나무가 생겼어요!

🎁 **준비물** 확대경(돋보기, 루페 등), 카메라, 활동지, 필기도구

🐂 **활동 방법** 활동지 316쪽

❶ 학교 건물 배치도를 바탕으로 학교 건물의 위치를 파악합니다.

❷ 학교 주변에서 볼 수 있는 생물들을 떠올립니다.

❸ 직접 학교 주변을 돌아보며 어떤 생물들이 있는지 찾아보고 관찰한 내용을 활동지에 기록합니다.

❹ 활동지를 바탕으로 관찰한 생물에 대해 발표합니다. 이때 발견 장소와 특징도 자세히 설명합니다.

❺ 학교 건물 주변에 있는 나무들 중에서 하나를 선택하여 '내 나무'로 정하고 이름을 지어 줍니다.

❻ 1년 동안 '내 나무'의 변화를 관찰합니다.

❼ '내 나무' 관찰 기간이 끝나면 변화 내용을 시기별 혹은 계절별로 정리한 뒤 발표합니다.

✍️ **TIP**

💡 학교 건물 배치도를 제공하면 학생들이 활동하기가 좀 더 용이합니다.

💡 관찰할 생물을 구체적으로 정해 주기보다는 학생들이 자유롭게 관찰할 수 있도록 독려합니다.

💡 1년 동안 관찰한 '내 나무'의 변화 과정을 미술 수업과 연계하여 책자로 만들면 계절에 따라 변화하는 자연 환경을 더욱 실감 나게 알 수 있습니다. 예 시기별 혹은 계절별 나무의 모습을 그려 책으로 만들기

💡 시간의 흐름에 따라 변화가 잘 나타나는 나무를 선정하도록 몇 가지 선택지를 제시해 주면 좋습니다.
예 단풍이 들거나 꽃이 피는 나무 등

환경 오염 전쟁

🐄 활동 방법

① 학급 인원수에 맞춰 '오염원' 역할을 할 학생을 정합니다. 25명 학급 기준으로 5~7명 정도가 적당합니다.

② 모든 학생이 서로 한 걸음씩 간격을 두고 그림과 같은 대형을 만듭니다.

③ 교사의 호루라기 신호에 맞춰 모든 학생이 한 걸음씩 움직입니다. 한 걸음씩 옮길 때마다 오염원 역할의 학생은 다른 학생을 잡습니다.

④ 잡힌 학생은 오염원이 되어 다른 학생을 잡으러 다닙니다.

⑤ 학급 전체 학생이 오염원이 되면 '청소부' 역할을 할 학생을 정합니다.

⑥ 위와 같은 방법으로 청소부 역할의 학생이 오염원 학생들을 잡습니다.

⑦ 모든 학생이 청소부에게 잡힐 때까지 놀이를 계속합니다.

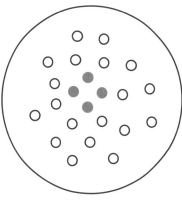

주황색이 '오염원' 역할 학생을 나타냄.

📋 TIP

💡 콘으로 경계를 표시하거나 선을 그어 활동을 하는 경기장의 크기를 제한하면 좋습니다.

💡 오염원이 된 학생은 한 손을 들도록 하는 등 특정한 행동을 하게 하면 다른 학생들과 구별하기 쉽습니다.

💡 몇 명의 오염원 학생들이 전체를 오염원으로 만들었듯, 우리의 작은 행동이 환경을 파괴할 수 있음을 알려 줍니다. 또 청소부가 오염원들을 잡는 데 많은 노력이 필요한 것처럼, 한번 파괴된 환경을 되돌리는 것은 쉽지 않다는 점을 언급해 줍니다.

💡 오염원과 청소부 학생을 같이 두고 활동을 진행해도 좋습니다. 오염원은 일반 학생을 잡고, 청소부는 오염원을 잡는 형태로 진행합니다. 이때 오염원과 청소부를 처음부터 너무 가깝게 배치하지 않도록 합니다.

우리가 만드는 행복한 자연

● **준비물** 4절 도화지, 채색 도구, 쓰레기봉투, 집게, 위생 장갑 등

활동 방법

❶ 교사는 학생들에게 학교 주변에 쓰레기가 버려진 사진 자료들을 보여 주며 문제를 해결하기 위해 캠페인 활동을 할 것임을 안내합니다.

❷ 학생들은 학교 주변 환경을 깨끗하게 만들기 위해 실천할 수 있는 일들을 내용으로 하여 피켓을 제작합니다.

❸ 학생들과 함께 캠페인 활동 중에 외칠 구호를 정합니다.

❹ 완성된 피켓을 들고 역할을 나누어 캠페인 활동과 학교 환경 정화 활동을 합니다.

❺ 캠페인 활동을 하며 들었던 느낌과 생각 혹은 앞으로의 다짐을 서로 이야기합니다.

TIP

💡 우리 지역 혹은 우리 학교의 사진들을 제시하고 어느 장소인지 맞히게 하면 좋습니다.

💡 캠페인 활동 구호는 1명이 선창을 하면 나머지 학생들이 후창을 할 수 있는 형태로 만들면 좋습니다.

💡 피켓에는 실제로 학생들이 실천 가능한 내용을 구체적으로 적도록 합니다.

　　㉎ 내 주변 쓰레기를 3개씩만 주우면 학교가 깨끗해져요!

　　　화장지는 원래 용도로만! 적당량씩 뽑아 써요!

무용담 나누기

선생님 한마디

카드에 대한 예언이 그대로 들어맞자 아이들은 신기해하는 동시에 저에게 의심의 눈빛을 보냈습니다. 선생님이 진짜로 예언에 성공했다고 말하는 아이도 있고, 우연히 맞혔다고 생각하는 아이도 있었습니다. 마술이 끝난 후 더 초롱초롱해진 눈빛을 보고 아이들이 제 말에 매우 집중하고 있음을 알았습니다.

학교 건물 주변을 직접 돌아다니며 그동안 무심코 지나쳤던 식물들을 발견하고 신기해하는 아이들의 모습에서 기쁨을 느낄 수 있었습니다. 선생님도 평소에 그냥 지나치고 보지 못했던 꽃, 작아서 발견하지 못했던 꽃들이 많다고 말해 주었습니다. 아이들과 함께 발견의 즐거움을 느낄 수 있었습니다. 어떤 학생은 화단에서 유리병을 찾고는 다른 쓰레기가 더 없는지 열심히 찾아다니기도 했습니다. 직접 눈으로 보면 굳이 말로 설명하지 않아도 많은 것을 깨달을 수 있다는 사실을 다시금 생각하게 되었습니다. 캠페인 활동을 할 때 소극적 성향의 학생들은 사람들 앞에서 피켓을 들고 구호를 외치는 것을 부끄러워하기도 했습니다. 하지만 여러 친구들과 함께 활동을 하다 보니 용기가 생겼는지 나중에는 더 적극적으로 캠페인 활동에 임하는 모습을 보여 저를 놀라게 만들었습니다. 아이들뿐만 아니라 교사인 저에게도 매우 의미 있는 수업이었습니다.

아이들 활동 소감

성원 〉 학교 주변에 해바라기가 있는 것을 처음 알았어요. 해바라기가 지금 시기에 피는 꽃이라는 것도 알 수 있었지요. 주변을 더 자세히 살피며 다녀야겠다는 생각이 들었습니다.

예빈 〉 오염원 친구들에게서 도망칠 때 금방 잡힐 것 같아 조마조마했어요. 친구들이 금세 오염원 친구들에게 잡히는 것을 보며 환경도 이렇게 쉽게 오염되는 것이 아닐까 생각했어요.

시은 〉 쓰레기봉투가 너무 커서 다 못 채울 줄 알았는데, 생각보다 빨리 채워졌어요. 학교 주변에 이렇게나 많은 쓰레기가 버려져 있다니, 정말 깜짝 놀랐어요.

환경 수업 고수 되기

통일 수업 고수 되기

드디어, 하나!

6월은 '호국 보훈의 달'입니다. 6월 6일 현충일, 6월 10일 6·10 민주 항쟁, 6월 25일 한국 전쟁 등 우리나라 역사에서 중요한 사건들이 일어난 달이기 때문입니다. 여러 역사적 사건 중에서 학생들이 유독 관심을 갖는 사건은 한국 전쟁입니다. 분단국가에서 살고 있으니 남한과 북한이 분단된 이유에 대해 궁금해하는 것은 당연한 일일 것입니다.

통일은 먼 미래의 이야기가 아닌, 우리가 함께 고민하고 이루어야 할 현재의 이야기입니다. 이번 수업을 통해 학생들이 한반도의 평화를 꿈꾸고 따뜻한 시선으로 통일을 바라볼 수 있기를 바랍니다.

고수의
비법

로프 재생 마술

둘로 자른 줄이 다시 하나가 되게 하는 마술

준비 난이도   기술 난이도

함께 하는
무림 활동

분단이 되었어요
하루 동안 분단 상황을
체험해 보는 활동

고지를 탈환하라!
서로 고지를 탈환하기 위해
겨루는 놀이

통일 국기 디자이너
통일된 나라의 국기를
상상하여 그려 보는 활동

로프 재생 마술

1

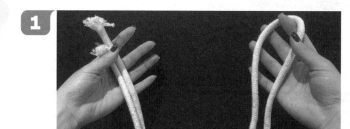

줄을 여러 방향에서 보여 주면서 아무런 이상이 없음을 확인합니다.

선생님이 줄을 하나 가져왔어요. 아무 이상이 없는 평범한 줄입니다.

이제 선생님이 이 줄을 가지고 우리나라 역사 이야기를 해 보려고 합니다.

과거에 남한과 북한은 이 줄처럼 하나의 나라였어요.

2

줄을 반으로 자를 것임을 학생들이 예측할 수 있도록 줄의 가운데 부분에 가위를 대고 자르려는 시늉을 합니다.

그런데 1950년 6월 25일, 한국 전쟁이 일어났습니다. 이 가위처럼 무시무시한 무기들을 서로에게 겨누며 싸웠지요.

3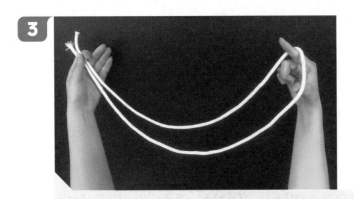

오른손으로 줄의 가운데 부분을 잡은 후, 줄을 반으로 접어서 모아 줍니다.

한국 전쟁은 하나였던 우리나라를 둘로 나눈 아주 비극적인 사건입니다.

4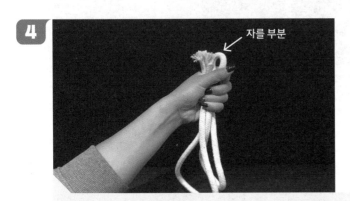

자를 부분

줄의 가운데 부분을 가위로 자릅니다.

선생님이 줄을 자르는 것으로 그때의 상황을 표현해 볼게요.

5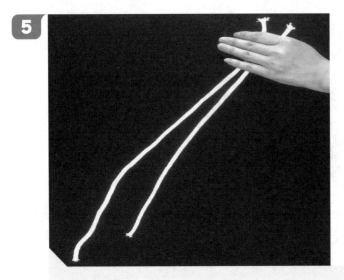

자른 부분을 떨어뜨려 줄이 2개로 나누어 졌음을 보여 줍니다.

지금 우리는 이렇게 남한과 북한으로 분단이 된 채 살아가고 있습니다.

6

잘라진 줄의 끝부분을 묶어 매듭을 짓습니다.

많은 사람이 통일을 염원하고 있지만 남한과 북한 사이에는 이 매듭처럼 단단한 벽이 있어 서로 이어지지 못하고 있습니다.

7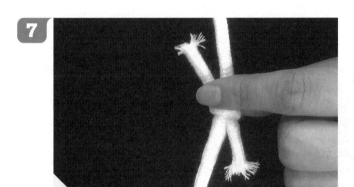

매듭을 줄 끝으로 이동시켜 잡아 뺍니다.

휴전선을 없애고 우리가 다시 하나가 되기 위해서는 많은 노력이 필요합니다.

8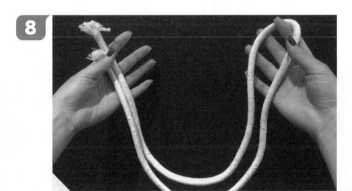

매듭을 완전히 제거한 후 줄이 다시 하나로 이어져 있음을 보여 줍니다.

평화 통일을 이루기 위해 모두가 마음을 모은다면, 우리는 이렇게 다시 하나가 될 수 있을 것입니다.

🥏 준비물

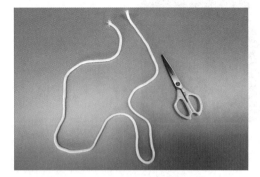

1m 이상 길이의 줄, 가위

🐾 비법 풀이

1

오른손의 엄지와 검지를 사진처럼 넓게 벌려 서 줄의 가운데 부분을 잡습니다.

2

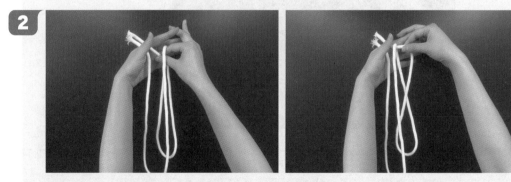

오른손의 엄지와 검지를 이용하여 왼손으로 잡고 있던 줄의 끝부분 중 하나를 잡습니다.

3

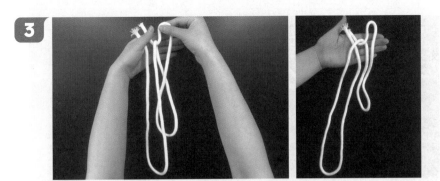

오른손으로 잡은 줄을 손 위로 살짝 올려 고리 모양을 만듭니다.

4

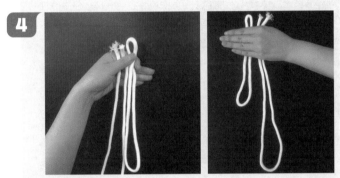

줄의 끝부분을 올려 잡았다는 것을 학생들이 알지 못하도록 손가락 사이를 오므려 가립니다.

5

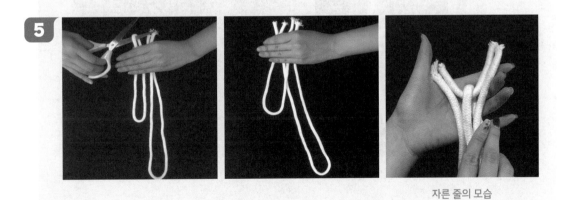

자른 줄의 모습

만들어진 고리 부분을 가위로 자릅니다.

통일 수업 고수 되기

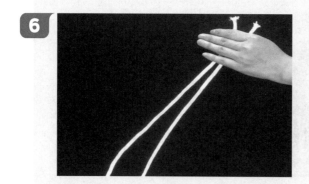

6 잘린 고리 부분을 손으로 잘 잡고, 왼쪽 줄과 오른쪽 줄을 아래로 떨어뜨립니다.

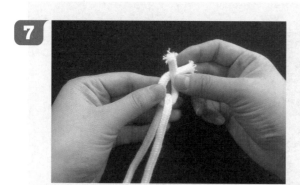

7 잘린 고리 부분을 서로 묶어서 매듭을 짓습니다.

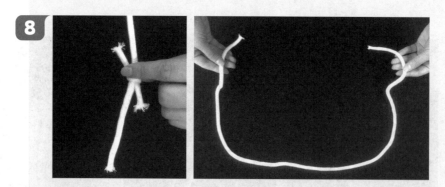

8 매듭을 줄의 끝으로 이동시켜서 잡아 빼면 줄이 다시 이어진 것처럼 보입니다.

🗺 유의할 점

☑ 줄이 너무 짧으면 잘랐을 때 길이 차이가 많이 나므로 1m 이상 길이의 줄을 준비합니다.

☑ 줄을 잘랐을 때 길이 차이가 너무 많이 나면 책상에 살짝 내려 학생들이 눈치채지 못하게 합니다.

☑ 줄의 끝부분을 올려 잡을 때에 손가락 틈을 잘 오므려 보이지 않도록 주의합니다.

☑ 두껍거나 질긴 줄을 준비하면 자를 때 어려움이 있으므로 자르기 쉬운 줄을 준비합니다.

🐾 학생 생활 지도: 학생들 사이에 다툼이 일어났을 때 자연스럽게 화해하는 계기를 만들어 줄 수 있습니다.

⋯ ① A 학생과 B 학생이 서로 오해가 생긴 상황을 언급합니다. → 줄 자르기

② 다툼이 있기 전까지 서로 우정을 쌓으며 좋은 관계를 유지하고 있었음을 강조합니다. 그리고 지금은 서로 오해한 부분에 대해 사과하고 싶지만, 그 마음을 전달하는 것이 어려운 상황임을 이야기합니다.

③ 서로에게 진심으로 사과하고 화해한다면 전과 같이 좋은 관계를 회복할 수 있다고 이야기합니다. → 줄이 이어진 것 보여 주기

분단이 되었어요

🏮 **준비물** 끈이나 테이프(교실을 절반으로 나눌 수 있을 만큼의 길이), '이산가족' 관련 영상 자료(「KBS 특별 생방송 이산가족을 찾습니다」 등), 빈 종이, 활동지, 필기도구

🐐 **활동 방법** 활동지 318쪽

❶ 교사는 교실을 반으로 나눈 후 끈이나 테이프로 경계를 표시합니다.

❷ 학생들은 하루 동안 경계를 넘어 다니지 않고 생활을 합니다.

❸ 다른 분단에 있는 학생에게 전달할 말이 있을 때에는 쪽지에 하고 싶은 말을 적어 전달합니다.

❹ 활동 중간에 해결해야 할 문제가 생기면 협상을 하고 조약을 만든 후 활동을 이어 나갑니다.
　🅮 우유를 가지고 갈 수 있게 하면 사물함을 이용할 수 있도록 하기 등

❺ 분단 활동이 끝난 후 느낀 점을 활동지에 정리합니다. 그리고 다 함께 이산가족 관련 영상을 시청한 후 통일의 필요성에 대해 이야기를 나눕니다.

📢 **TIP**

💡 교실 공간을 반으로 나눌 때는 학생의 출입과 활동의 용이성을 위해 앞쪽, 뒤쪽으로 나누는 것이 좋습니다. 이렇게 나누면 앞쪽 구역은 앞문, 뒤쪽 구역은 뒷문으로 통행이 가능합니다.

💡 교과 시간 이외에는 다른 분단의 친구와 대화를 나눌 수 없음을 미리 안내합니다.

💡 교과 전담 시간에는 활동을 이어 나가기 어려울 수 있으므로 교과 전담 시간이 없는 요일을 정해서 활동을 하는 것이 좋습니다.

💡 분단 생활 규칙이 잘 지켜지지 않는 경우에는 벌점 규칙을 만들어도 좋습니다.
　🅮 활동이 끝난 후 벌점이 많은 분단은 운동장에서 쓰레기 줍기 등

💡 다른 분단으로 쪽지를 전달할 때 사람을 향해 쪽지를 던지지 않도록 주의를 줍니다.

💡 문제를 해결하기 위해 협상을 하는 과정에서 분위기가 과열되거나 감정을 주체하지 못하는 경우가 발생할 수 있으므로 미리 주의 사항을 언급합니다.
　🅮 바람직한 협상 태도 - 발언 기회를 얻고 말하기, 다른 사람을 비난하지 않기 등

통일 수업 고수 되기

함께 하는 무림 활동

고지를 탈환하라!

🎯 **준비물** '학도병' 관련 영상 자료

🐾 **활동 방법**

❶ 학급 전체를 두 분단으로 나눕니다.

❷ A 분단과 B 분단의 학생들이 앞뒤로 번갈아 서서 팔짱을 낍니다. 이때 A 분단은 뒤를 보고, B 분단은 앞을 보고 섭니다.

❸ 각 분단이 탈환해야 할 고지를 정합니다. 대개 사물함이 뒤쪽에 있으므로 A 분단은 사물함, B 분단은 칠판을 고지로 정합니다.

❹ 교사의 신호에 따라 각 고지를 향해 달려갑니다.

❺ 고지에 먼저 도달하는 분단이 승리합니다. 단, 팔이 풀리면 무효로 처리합니다.

❻ 활동이 끝난 후 한국 전쟁에 참여했던 '학도병'에 대해 알아보고 관련 영상 자료를 본 뒤 느낌을 이야기합니다. ㉎ 어린 나이에 전쟁에 참여해야 했던 슬픔, 전쟁의 참혹함 등

❼ 자신이 학도병이었다면 가족에게 어떤 말을 남겼을지 생각해 보고 유서를 작성합니다.

✍️ **TIP**

💡 단순히 이기고 지는 놀이로만 이해하지 않도록 활동 전에 충분한 설명이 필요합니다. 같은 민족임에도 각자의 삶의 터전과 가족을 지키기 위해 적이 되어 싸울 수밖에 없었던 한국 전쟁 당시의 상황을 떠올리며 활동에 임할 수 있도록 지도합니다.

💡 상황에 따라 고지를 탈환하는 조건을 달리할 수 있습니다.
㉎ 모든 팀원이 고지에 도달해야 탈환 성공, 2명의 팀원이 고지에 도달해야 탈환 성공 등

💡 영화 「포화 속으로」(이재한 감독, 2010)는 한국 전쟁과 학도병에 대해 잘 나와 있어 참고 영상으로 활용하기에 좋습니다.

통일 국기 디자이너

🔘 **준비물** 활동지, 필기도구, 도화지, 색연필, 사인펜

🐄 **활동 방법** 활동지 319쪽

❶ 여러 나라의 국기를 보며 국기별 특징과 그 안에 담긴 의미를 알아봅니다.

❷ 통일이 되면 어떤 의미가 담긴 국기를 만들고 싶은지 활동지에 적고 간단히 스케치해 봅니다.

❸ 활동지의 내용을 바탕으로 직접 도화지에 통일 국기를 디자인합니다.

❹ 디자인한 통일 국기에 어떤 의미가 담겨 있는지 친구들 앞에서 발표합니다.

❺ 학생들이 디자인한 통일 국기를 일주일간 교실에 게시한 후, 투표를 통해 통일된 한국과 가장 잘 어울리는 국기를 선정합니다.

🖊️ TIP

💡 하나의 관점에 치우치지 않고 자신만의 기준을 세워 통일 국기를 디자인할 수 있도록 유도합니다.

💡 학급의 학생 수가 많거나 시간이 부족한 경우에는 모둠별로 한 작품을 완성하게 합니다.

무력 보강하기

💡 참고할 만한 홈페이지:「통일부 통일교육원」(www.uniedu.go.kr)

- 멀티미디어 자료: '자료 마당'의 '도서/동영상 자료' 메뉴에 들어가면 통일 동영상, 뮤직비디오가 게시되어 있습니다. 학생들 수준에 맞는 영상을 활용하여 수업 동기를 유발할 수 있습니다. 또한 영상을 통해 분단의 슬픔과 통일의 필요성에 대해 알 수 있습니다.

- 남북 사전: '자료 마당'의 '남북 사전' 메뉴에 들어가면 북한 지식 사전과 남북 언어 비교 사전 등이 있습니다. '북한 언어 퀴즈 맞히기'에 활용하면 좋습니다.

무용담 나누기

선생님 한마디

수업 종이 치자마자 분단 활동을 시작했습니다. 오늘 하루 동안 다른 분단으로 넘어가서는 안 되고 다른 분단의 친구와 이야기를 나누어서도 안 된다고 설명하자 학생들이 동요하기 시작했습니다. 분단 활동이 시작되고 평소와 같이 수업을 진행했습니다. 다만 평소와 다른 점은 쉬는 시간 동안 같은 분단의 친구들과만 이야기를 나누고 소통할 수 있다는 것이었습니다. 특별히 제재를 가한 것도 아닌데 진지하게 활동에 참여하고 규칙을 지키려 하는 학생들의 모습에 대견함을 느꼈습니다.

한국 전쟁과 관련된 영상을 잠시 시청하고, 전쟁에 참여하여 고지를 탈환하는 활동을 했습니다. 서로 자신의 분단을 응원하고 고지를 탈환하면 뛸 듯이 기뻐했습니다. 활동 후 이 전쟁이 실제로 일어나는 중이라면 어떨지 이야기를 나누었습니다. 일순간 학생들에게서 긴장감이 느껴졌습니다.

모든 활동을 끝내고 통일을 이루는 시간은 진짜 통일이 이루어진 것 같은 느낌이 들 정도로 시끌벅적했습니다. 서로 부둥켜안고 보고 싶었다, 앞으로 더 재미있게 놀자 등의 이야기를 하는 학생들의 모습을 보니 진짜 통일을 하면 얼마나 좋을까 하는 생각이 들었습니다.

그리고 수업을 마무리하는 활동으로 마술을 보여 주었습니다. 우리나라도 이 마술처럼 통일이 되었으면 좋겠다고 하자 학생들이 수긍하듯 고개를 끄덕여 주었습니다. 앞으로 우리나라가 통일을 하는 과정에서 지금의 우리 학생들이 큰 역할을 해 주기를 바랍니다.

아이들 활동 소감

설화) 오늘 분단 활동을 하면서 연필도 못 깎고 뒷문으로 다니지도 못해 불편한 점이 많았고, 친구들과 같이 놀고 싶었습니다. 그래서 꼭 통일을 해야 한다는 생각이 들었습니다.

예빈) 실제로 전쟁 중이라고 생각하니 너무 무서웠어요. 특히 가족을 보지 못한다고 생각하니 너무 슬펐어요.

지원) 떨어져 지내다 보니 조금의 다툼이 생기기도 했어요. 통일을 하면 나쁜 감정 없이 서로 잘 지낼 것 같아요.

방학식 수업 고수 되기

방학식을 하는 날이 되면 학생들과 함께 보낸 시간들을 되돌아보게 됩니다. 길고도 짧았던 한 학기 속에는 기뻤던 일, 슬펐던 일, 즐거웠던 일 등 다양한 추억이 담겨 있습니다. 그 추억들을 함께 회상하며 웃기도 하고, 다가올 새 학기를 새로운 마음으로 맞이하자는 다짐도 합니다. 그리고 교사로서 학생들에게 방학을 알차게 보내면 좋겠다는 당부도 잊지 않습니다.

한 학기를 마무리하고 새로운 시간을 맞이할 준비를 하는 방학식. 'Guess thinking 마술'과 함께 지난 추억을 되새기며 특별한 방학식을 만들어 보는 것은 어떨까요?

고수의 비법

Guess thinking 마술

학생이 생각한 것을 종이에 써서 맞히는 마술

준비 난이도 기술 난이도

함께 하는 무림 활동

surprise 진실 혹은 거짓

1학기 동안 한 일을 듣고
진실과 거짓을 맞히는 활동

몸으로 말해요

1학기의 추억과 관련된 낱말을
몸으로 표현하는 스피드 퀴즈

등과 등 사이

학기 중에 배운 낱말을 몸짓으로
표현하고 맞히는 전달 놀이

Guess thinking 마술

1

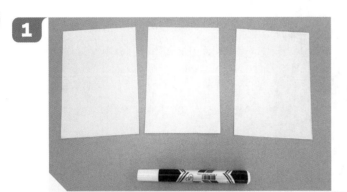

빈 종이를 준비합니다. 그리고 학생 3명에게 질문을 한 후 학생들이 생각한 답을 종이에 써서 맞히는 마술을 할 것임을 예고합니다.

우리 친구들이 방학을 어떻게 보내고 싶은지 알기 위해 선생님이 3가지 질문을 할 거예요. 그리고 여러분이 떠올린 생각을 종이에 써서 맞혀 볼게요.

2

첫 번째 학생에게 질문을 한 후, 학생이 생각한 답을 종이에 적고 종이를 잘 접어 둡니다. 이때 접은 종이는 손 안에 가지고 있습니다. 그리고 학생에게 정답을 이야기하게 합니다.

첫 번째로 ○○(이)가 방학 때 가장 먹고 싶은 음식이 무엇인가요? 바로 대답하지 말고 텔레파시를 보내 주세요. 텔레파시를 받았으니 종이에 적어 볼게요.

○○(이)는 달콤한 음식을 좋아하는구나. 선생님이 답을 적었으니 ○○(이)가 정답을 말해 주세요. 맞아요, 떡볶이는 정말 매콤달콤 맛있지요.

3

두 번째 학생에게 질문을 한 후, 학생이 생각한 답을 종이에 적고 종이를 잘 접어 둡니다. 이때 접은 종이는 손 안에 가지고 있습니다. 그리고 학생에게 정답을 이야기하게 합니다.

두 번째로 □□(이)는 방학 동안 우리 반 친구들 중에 누가 가장 보고 싶을지 생각해 보세요. 텔레파시를 받았으니 종이에 적어 볼게요.

□□(이)는 이 친구랑 친했구나! 선생님이 종이에 답을 적었으니, 이제 □□(이)가 생각한 답을 말해 주세요.

4

세 번째 학생에게 질문을 한 후, 학생이 생각한 답을 종이에 적고 종이를 잘 접어 둡니다. 이때 접은 종이는 손 안에 가지고 있습니다. 그리고 학생에게 빈 종이를 준 뒤 답을 종이에 적어 잘 접어 두게 합니다.

마지막으로 ◇◇(이)가 방학 때 가고 싶은 여행지를 생각해 보세요. 텔레파시가 왔으니 선생님이 종이에 답을 적어 볼게요.

여기는 선생님도 정말 가 보고 싶은 곳이에요. 이번에는 ◇◇(이)도 이 종이에 생각한 답을 적을 거예요. 답을 다 적었으면 종이를 잘 접어서 보관해 주세요. 잠시 후에 다 같이 답을 확인해 봅시다.

5

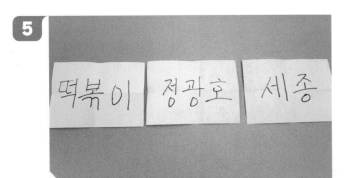

또 다른 학생 1명을 선택하여 교실 앞으로 나오게 한 후, 정답이 적힌 종이 3장을 위에서부터 차례로 확인하게 합니다. 그리고 마지막 정답 종이에 적인 내용이 세 번째 학생이 종이에 쓴 답과 일치함을 보여 줍니다.

△△(이)가 앞에 나와서 차례대로 종이를 펼쳐서 보여 주세요.

방학 때 가장 먹고 싶은 음식은 무엇이었죠? 떡볶이!

방학 때 가장 보고 싶을 것 같은 친구는 누구였죠? 정광호!

방학 때 가 보고 싶은 곳은 어디일까요? ◇◇(이)가 종이에 쓴 정답은 세종!

놀랍게도 선생님이 쓴 종이에도 세종이 적혀 있습니다.

여러분 모두 즐겁고 신나고 안전하게 이번 방학을 보내기를 바랍니다.

🜚 준비물

빈 종이 4장(교사가 답을 쓸 종이 3장, 세 번째 학생이 답을 쓸 종이 1장), 필기도구, 학생들에게 할 질문 3가지, 1명의 학생(세 번째 학생)에게 미리 조사한 정답(⑩ ◇◇(이)가 방학 때 가고 싶은 곳: 세종)

비법 풀이

원래 마술을 할 때는 1가지 색의 종이를 가지고 하지만 아래에서는 마술 비법을 이해하기 쉽게 하기 위해 색깔이 다른 종이를 사용하였습니다.

손 밑에서 본 모양

첫 번째 질문을 하고 종이에는 세 번째 질문에 대한 답(예 세종)을 적습니다. 종이를 접은 뒤에 맨 뒤로 넘기고 학생에게 답을 듣습니다.

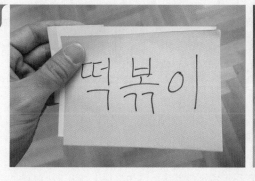

손 밑에서 본 모양

두 번째 질문을 하고 종이에는 첫 번째 질문에 대한 답(예 떡볶이)을 적습니다. 종이를 접은 뒤에 맨 뒤로 넘기고 질문한 학생에게 답을 듣습니다.

방학식 수업 고수 되기

세 번째 질문을 하고 종이에 두 번째 질문에 대한 답(예 정광호)을 적습니다. 종이를 접은 후 종이 더미 제일 위에 둡니다.

접어 놓은 종이 더미 위에 있는 노랑, 파랑 종이 2장을 함께 잡고 뒤로 넘깁니다. 이렇게 넘기게 되면 종이는 사진과 같이 빨강, 노랑, 파랑 순서가 됩니다.

위에서부터 하나씩 펼치면 답이 차례대로 나오게 됩니다. 세 번째 질문에 대한 답은 학생이 직접 종이에 쓰게 함으로써 앞의 2가지 질문 역시 교사가 답을 듣지 않고 맞혔다고 생각하게 만드는 효과를 얻을 수 있습니다.

🗺 유의할 점

- ☑ 마지막 질문에 대한 답을 조사할 때는 학생 선정이 가장 중요합니다. 평소에 장난기가 많은 학생보다는 거짓말을 못하고 진지한 성격의 학생을 선정하는 것이 좋습니다. 그리고 마지막 질문은 광범위하여 여러 답이 나올 수 있는 것보다는 확실한 정답이 나오는 질문으로 구성하는 것이 좋습니다. 저는 학부모님께 협조를 구해 정답을 얻거나 평소에 학생이 저에게 여러 번 이야기한 내용으로 질문합니다.

- ☑ 종이에 답을 쓸 때 어떤 글자를 쓰는지 학생들이 알지 못하게 해야 합니다.

- ☑ 저학년이나 중학년 학생을 대상으로 마술을 할 경우 해당 학생이 질문을 잊는 경우가 있으므로 중간중간 질문을 확인하며 마술을 진행하는 것이 좋습니다.

- ☑ 마지막에 교실 앞으로 나와 종이를 펼치는 학생의 선정도 중요합니다. 반응이 좋은 학생을 선정하면 학생들의 놀라움도 배가 됩니다.

- 🍵 진로 상담 및 교육: 학생들이 이루고 싶어 하는 꿈이나 관심 있는 분야에 대해 알아볼 때 활용할 수 있습니다.

- ⟶ 장래에 하고 싶은 일, 현재 가장 관심 있는 분야, 특기나 장점 등을 묻고 종이에 답을 써서 맞히는 마술로 변형이 가능합니다. 마술을 진행한 후 진로에 대한 이야기를 나누면 친밀감이 형성되어 학생들에게서 좀 더 진솔한 이야기를 이끌어 낼 수 있습니다.

Surprise 진실 혹은 거짓

🍘 **준비물** 활동지, 필기도구

🐂 **활동 방법** 활동지 320쪽

① 학생들은 1학기 동안 자신이 한 일 4가지를 활동지에 작성합니다. 이때 3가지는 진실인 내용으로, 1가지는 거짓인 내용으로 씁니다.

② 한 사람씩 나와서 자신이 쓴 것을 발표합니다. 나머지 학생들은 발표를 듣고 4가지 한 일 중에서 거짓인 내용을 찾아 활동지에 기록합니다.

③ 모든 학생의 발표가 끝나면 처음 발표한 학생부터 차례로 일어나 거짓으로 작성한 내용의 번호를 이야기합니다. 학생들은 각자 자신의 활동지를 채점합니다.

📝 **TIP**

💡 교사가 먼저 1학기 동안 한 일을 작성하여 시범을 보이면 학생들이 활동을 이해하기가 쉽습니다.

💡 추리 상황에 어울리는 배경 음악을 틀어 놓고 활동을 하면 활동에 대한 집중도를 높일 수 있습니다.

💡 활동이 끝난 후, 거짓인 내용을 가장 많이 맞힌 학생을 '관심왕'으로 선정하거나 발표 내용 중에서 가장 인상 깊었던 이야기를 선택해 보게 하는 것도 좋습니다.

몸으로 말해요

🍳 **준비물** 종이, 필기도구

🐮 **활동 방법**

❶ 교사는 학생들이 1학기 때 한 일을 떠올릴 수 있도록 주제어를 선정하여 모둠별로 나누어 줍니다.
　　ⓔ 교실 수업, 운동장, 현장 체험 학습, 청소 시간, 방과 후 수업 등

❷ 각 모둠은 주제어와 관련하여 1학기 때 한 일을 떠올려 보고, 그중 10가지를 골라 낱말 형태로 모둠 종이에 적습니다.

❸ 모둠별로 작성한 종이 10장을 다른 모둠이 보지 못하도록 모읍니다.

❹ 문제를 낼 모둠의 순서를 정한 뒤, 한 모둠씩 앞으로 나와 모둠 종이에 적힌 낱말을 동작으로 표현합니다. 이때 문제는 모둠원이 1명씩 돌아가며 냅니다. 나머지 모둠은 문제를 내는 모둠이 몸으로 표현하는 것을 보고 정답을 맞힙니다.

❺ 제한 시간(5분 이내) 동안 다른 모둠으로 하여금 가장 많은 문제를 맞히게 한 모둠이 승리합니다.

📣 **TIP**

💡 문제를 많이 맞히게 되면 문제를 낸 모둠이 승리하게 되므로 문제를 맞히지 않으려고 할 수 있습니다. 이때는 문제를 많이 맞힌 친구가 '정답왕'이 될 수 있도록 하고, 정답을 맞힌 횟수도 모둠 점수에 포함하여 참여도를 높입니다.

💡 유행하는 노래를 배경 음악으로 사용하면 학생들이 좀 더 즐겁게 활동에 참여합니다.

💡 다른 모둠에서 정답을 맞히기 어려워하는 경우에는 몸으로 표현하는 학생이 '통과'를 외칠 수 있게 합니다. 단, 한 모둠당 '통과'의 횟수는 3번으로 제한합니다.

💡 문제를 내는 모둠은 낱말을 몸으로 표현할 때 말을 하거나 소리를 내지 않도록 미리 주의를 줍니다.

등과 등 사이

🥁 **준비물** 학기 중에 배운 낱말이 적힌 종이

🐂 **활동 방법**

① 모둠(5~6명)별로 나와 서로의 등을 바라보고 한 줄로 섭니다.

② 모둠원 중 1명이 종이를 뽑고 종이에 적힌 낱말을 확인합니다.

③ 낱말을 확인한 학생은 첫 번째 학생에게 가서 등을 두드립니다. 첫 번째 학생이 뒤돌아보면 몸으로 낱말을 표현합니다.

④ 첫 번째 학생도 같은 방법으로 두 번째 학생에게 몸으로 낱말을 표현합니다. 릴레이 형식으로 마지막 학생에게까지 동작을 전달합니다.

⑤ 모둠의 마지막 학생이 정답을 말하면 종이에 적힌 낱말과 일치하는지 확인합니다.

⑥ 모둠당 1번씩 차례대로 진행하고 3~4회 정도 반복한 후 가장 많이 정답을 맞힌 모둠이 승리합니다.

📢 **TIP**

💡 모둠의 마지막 학생이 정답을 틀린 경우 다른 모둠의 학생들에게 정답을 맞힐 수 있는 기회를 줍니다.

💡 활동 도중에 다른 모둠의 학생들이 정답을 말하지 않도록 지도합니다.

💡 몸으로 표현할 때 말은 사용하면 안 되지만 의성어 사용은 허용합니다.

선생님 한마디

  방학식 날이 되면 학생들의 얼굴에는 정든 선생님, 친구들과 오랫동안 만나지 못하는 아쉬움과 함께 방학에 대한 기대와 설렘이 가득합니다. 교사인 저 역시도 마찬가지입니다. 그래서 방학식을 하는 날이 되면 항상 특별한 활동들을 준비했습니다. 그중 'Guess thinking 마술'은 간단한 준비물과 비밀을 공유할 수 있는 친구 1명만 있으면 쉽게 할 수 있는 마술이라 매년 학생들에게 선보이는데, 학생들의 반응은 늘 기대 이상이었습니다.

  'Surprise 진실 혹은 거짓'과 '몸으로 말해요'는 학생들이 서로 소통하며 1학기의 추억을 되돌아보는 활동들입니다. 그래서 활동 중보다 활동 후에 학생들의 대화가 더 활발하게 이루어지기도 합니다. 방과 후 활동 시간이나 쉬는 시간에 일어났던, 그래서 제가 미처 알지 못했던 일들을 풀어 내어 저를 놀라게 하는 일도 많습니다.

  '등과 등 사이'는 학생과 교사 모두 마음껏 즐길 수 있는 활동입니다. 활동하는 학생들과 활동을 지켜보는 학생들뿐만 아니라 활동을 진행하는 저까지 웃음이 끊이지 않았습니다. 방학에 친구들과 선생님을 만나지 못하는 아쉬움을 웃음으로 모두 날릴 수 있었습니다.

아이들 활동 소감

지혜   평소에 추리하는 것을 좋아하는데 'Surprise 진실 혹은 거짓'이 정말 재미있었어요. 무엇보다 한 학기 동안 일어난 일들을 이야기하니 추억이 새록새록 떠올라서 좋았어요.

영진   '몸으로 말해요'를 하면서 몸으로만 표현하는 것이 정말 어렵다는 것을 알게 되었어요. 그래도 친한 친구들의 몸짓을 보면 어떤 걸 말하는지 금세 알 수 있었어요.

현진   '등과 등 사이'가 제일 재미있었어요. 1명이라도 내용을 잘못 전달하면 웃긴 상황이 생겼어요. 그리고 친구들의 마음을 잘 읽어야만 정답을 맞힐 수 있었어요. 평소에 친구들의 마음을 이해하려고 노력해야겠어요.

개학식 수업 고수 되기

개학 날 아침이 되면 텅 비었던 교실은 학생들로 하나둘 채워집니다. 그런데 다시 만난 반가움도 잠시, 학생들의 얼굴에는 새로 시작되는 학교생활에 대한 부담과 걱정이 가득 피어납니다.

아이들이 새 학기를 힘차게 시작할 수 있도록 개학 날 하루를 조금 특별하게 만들어 보는 것은 어떨까요? 오랜만에 만난 친구들과 어색함을 풀고 다시금 친밀한 관계를 쌓도록 하는 데 놀이만큼 좋은 것은 없습니다. 놀이를 하며 자연스럽게 방학 이야기를 풀어 내다 보면 새 학기를 시작하는 부담과 걱정도 모두 사라질 것입니다.

고수의 비법

그림 찾기 마술

학생이 생각한 내용과 관련 있는 그림을 찾아내는 마술

준비 난이도   기술 난이도

함께 하는 무림 활동

나의 여름 방학 점수는?
자신의 여름 방학에 점수를 매기며 방학 이야기를 나누는 활동

틀린 그림 찾기
방학 전과 후의 사진을 비교하면서 친구의 변화를 찾아보는 활동

Mission 빙고
미션을 수행하면서 3줄 빙고를 완성하는 놀이

그림 찾기 마슬

비법 시연

1 1~15번 그림을 하나씩 보여 준 뒤, 15가지의 그림이 한꺼번에 담긴 슬라이드를 화면에 띄웁니다.

여러분은 방학을 어떻게 보냈나요? 초등학생이 방학 동안 가장 많이 하는 일 15가지를 그림으로 나타낸 거예요. 여러분이 방학 동안 한 일들도 있는지 함께 보도록 합시다.

2 한 학생을 선정하여 15가지 그림 중 자신이 방학 동안 한 일과 관련된 그림을 하나 고르게 합니다. 그리고 그림의 내용을 한 낱말로 표현하여 종이에 적은 후, 친구들에게만 종이를 보여 주라고 합니다.

그림에서 ○○(이)가 방학 동안에 한 일 하나를 골라 종이에 한 낱말로 쓰세요. 이제 ○○(이)가 쓴 것을 친구들에게 보여 주세요. 선생님에게는 텔레파시만 보내 주세요.

3 그림 9가지가 3×3으로 배열되어 있는 슬라이드 5장을 보여 줍니다.

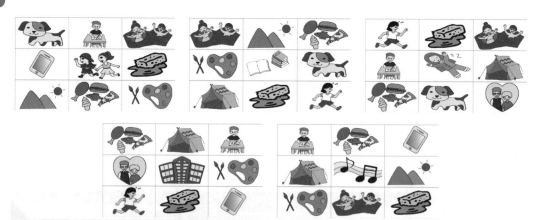

텔레파시가 약해서 맞히기가 어렵네요. 몇 가지 질문을 해서 힌트를 얻어야겠어요. 이제 선생님이 9가지의 그림이 들어 있는 슬라이드를 여러 장 보여 줄 거예요.

4

학생들에게 각 슬라이드를 보며 해당 학생이 선택한 그림이 있는지를 답하게 합니다.

각각의 슬라이드에 ○○(이)가 선택한 그림이 있으면 머리 위로 크게 ○를, 없으면 ✕를 그려 주세요. 이 9가지 그림 중에 ○○(이)가 선택한 그림이 있나요?(슬라이드 5장에 대해 모두 같은 질문을 합니다.)

5 다시 15가지 그림이 담긴 슬라이드를 보여 줍니다. 그리고 학생들이 대답한 내용을 토대로 종이에 쓴 일이 무엇인지 알아맞힙니다.

선생님이 이제 텔레파시를 제대로 받은 것 같아요. ○○(이)의 텔레파시로 선생님의 다리가 찌릿찌릿하네요. 다리가 찌릿찌릿하고 근육통이 생기는 것으로 보아 ○○(이)는 등산과 관련된 일을 한 것 같아요. 이제 ○○(이)가 종이에 적은 것과 일치하는지 확인해 봅시다.

비법 공개

 준비물

'초등학생이 방학 중 하는 활동'이 담긴 그림으로 만든 슬라이드

🛠 도구 만들기

1

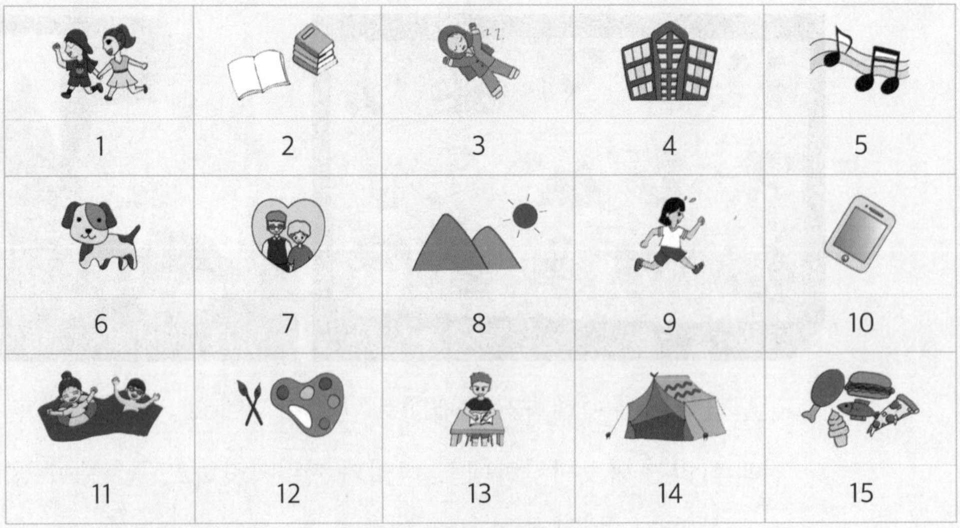

1	2	3	4	5
6	7	8	9	10
11	12	13	14	15

15칸 그림 슬라이드

학생이 방학 동안 한 일을 고를 수 있는 슬라이드를 만듭니다.
예시를 참고하여 5×3의 표를 만들고 그 안에 그림을 넣습니다. 그리고 각 그림에 1부터 15까지 번호를 붙입니다.

2

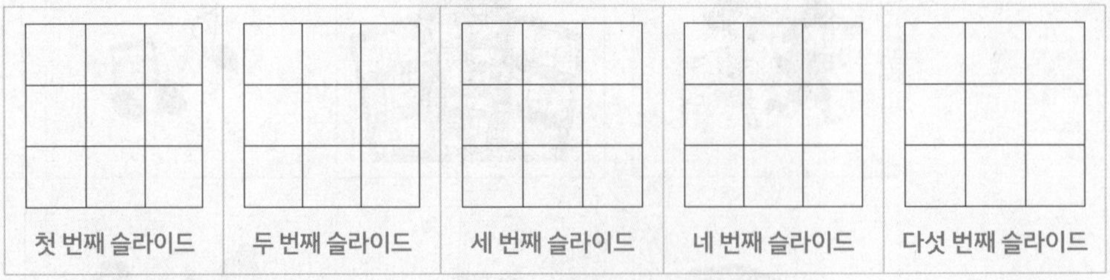

첫 번째 슬라이드	두 번째 슬라이드	세 번째 슬라이드	네 번째 슬라이드	다섯 번째 슬라이드

3×3의 표 5개를 각각 슬라이드로 만듭니다.

3

	1	

	2	

	3	

	4	

	5	

첫 번째 슬라이드　　두 번째 슬라이드　　세 번째 슬라이드　　네 번째 슬라이드　　다섯 번째 슬라이드

1 에서 만든 슬라이드의 1~5번에 해당하는 그림을 각 슬라이드의 표 중앙에 배치합니다.

4

그림 카드 1

6	13	11
10	1	0
8	15	12

그림 카드 2

11	8	15
12	2	6
14	0	9

그림 카드 3

9	0	11
13	3	14
15	6	7

그림 카드 4

15	14	13
7	4	12
9	0	10

그림 카드 5

13	15	10
14	5	8
12	11	0

나머지 그림들을 제시된 순서에 맞춰 표 안에 배치합니다. 0번에는 **1** 에서 만든 슬라이드에 들어 있지 않은 그림을 넣습니다.

5

그림 카드 1　　그림 카드 2　　그림 카드 3　　그림 카드 4　　그림 카드 5

슬라이드가 완성되었습니다.

🎩 비법 풀이

9칸 슬라이드에서 학생이 고른 그림이 있는 슬라이드들의 번호(그림 카드 번호)를 더하면 학생이 고른 그림의 숫자를 알 수 있습니다.

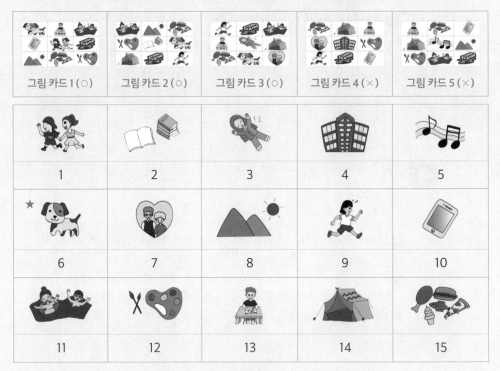

학생이 '강아지'를 고른 경우 강아지가 있는 그림 카드는 1번, 2번, 3번입니다.
이 숫자들을 더하면 1+2+3=6, 6번에 해당하는 그림은 바로 '강아지'입니다.

15칸 그림 슬라이드

📖 유의할 점

☑ 1~15번에 해당하는 그림을 교사가 일일이 외워서 맞히기는 어려우므로 '9칸 그림 카드 슬라이드'를 보여 준 뒤, 질문이 끝나면 '15칸 그림 슬라이드'를 다시 살펴보면서 학생이 고른 것을 찾습니다.

☑ 학생이 한 일을 바로 맞히기보다는 그림과 관련된 말들을 꺼내면서 서서히 답을 맞혀야 더욱 긴장감 있게 마술을 연출할 수 있습니다.

　⑩ 이번 방학 때 ○○(이) 말고도 많은 친구들이 이 일을 하지 않았을까 생각해요. 더운 여름을 신나게 보내려면 이 일을 안 할 수 없죠? 너무 즐겁고 시원했겠네요. ○○(이)가 한 일은 바로 물놀이! 맞나요?

☑ 9칸으로 나뉜 5장의 그림 카드에 15가지 그림을 배치하는 방식은 수 가르기와 관련되어 있습니

다. 먼저 1~5번 그림은 각각의 그림 카드 중앙에 순서대로 1번씩만 들어갑니다. 그러므로 1~5번은 제외하고 6~15번까지의 그림을 그림 카드에 배치합니다. 배치를 위해 먼저 그림 번호를 수 가르기합니다. 이때 몇 가지 규칙이 있습니다.

(1) 1~5까지의 수로만 수 가르기를 합니다. 예 8=6+2(×), 8=3+5(○)

(2) 수 가르기를 할 때 같은 수가 중복되면 안 됩니다. 예 10=5+5(×), 6=3+3(×), 7=2+2+3(×)

위의 규칙에 따라 수 가르기를 하면 각 숫자마다 아래와 같은 경우의 수가 나옵니다.

6=1+5/2+4/1+2+3	11=1+2+3+5/2+4+5
7=2+5/3+4/1+2+4	12=1+2+4+5/3+4+5
8=3+5/1+2+5/1+3+4	13=1+3+4+5
9=4+5/1+3+5/2+3+4	14=2+3+4+5
10=1+2+3+4/2+3+5/1+4+5	15=1+2+3+4+5

수 가르기를 한 방법들을 조합하여 수 가르기에 포함된 1, 2, 3, 4, 5가 각각 7번씩 나오도록 합니다. 이때 13~15번 그림은 경우의 수가 1개이므로 그림 카드에 바로 배치합니다. 예를 들어 13은 1+3+4+5이므로 그림 카드 1번, 3번, 4번, 5번에 배치하면 됩니다. 13~15번의 그림을 배치한 다음, 각각의 그림 카드에 들어갈 수 있는 그림의 수를 세어 보면, 그림 카드 1~2에는 5가지 그림이, 그림 카드 3~5에는 4가지 그림이 더 들어갈 수 있습니다. 이에 맞는 수 가르기의 조합을 만들어 내면 6은 1+2+3, 7은 3+4, 8은 1+2+5, 9는 2+3+4, 10은 1+4+5, 11은 1+2+3+5, 12는 1+2+4+5입니다. 이에 맞게 각각의 그림을 그림 카드에 배치하면 그림 카드가 완성됩니다.

☑ 마술의 비밀을 알려 주고 학생들이 숫자를 직접 배치하는 방식으로 마술을 활용할 수 있습니다.

☑ 그림이 학습과 관련되는 경우 그림에 대해 하나씩 설명하면서 마술을 진행하면 학습 효과를 높일 수 있습니다.

비법 응용

🔔 주말 이야기 나누기 활동: 월요일 아침 수업 시작 전에 가볍게 주말 이야기를 나누며 한 주를 즐겁게 시작할 수 있습니다.

🔔 학생 생활 지도: 학기 초 우리 반 규칙을 정할 때, 회의를 통해 필요한 규칙에 대해 충분히 이야기를 나눈 뒤 결정된 규칙들을 그림으로 그리거나 글로 씁니다. 그리고 각자 가장 중요하게 생각하는 규칙에 대해 마술을 이용하여 알아봅니다.

🔔 단원 마무리 활동: 단원 마무리에서 다양한 개념들을 정리할 때 활용할 수 있습니다.

⋯ 사회(조선 시대의 역사적 인물들), 과학(태양계 가족들-태양, 수성, 금성, 지구, 화성, 목성, 토성, 천왕성, 해왕성, 별, 별자리, 북극성, 북두칠성, 작은곰자리, 카시오페이아자리), 영어(영어 낱말 및 주요 표현) 등

나의 여름 방학 점수는?

🐕 활동 방법

❶ 교사는 학생들에게 교실 바닥에 가상의 대각선이 있다고 설명하고 대각선의 어느 한쪽을 0점, 반대쪽을 100점으로 정합니다.

❷ 학생들에게 "나의 방학 생활은 몇 점이었을까요?"라는 질문을 던지고 생각할 시간을 줍니다.

❸ 교사가 시작 신호를 하면 학생들은 각자 '나의 방학 생활 점수'에 해당하는 위치에 가서 섭니다.

❹ 모든 학생이 자리를 잡으면 교사는 한 학생에게 자신이 생각하는 방학 생활 점수를 묻습니다.

❺ 나머지 학생들은 발표한 학생의 점수를 기준으로 하여 자신이 서 있는 위치를 조정합니다.

　　㉠ 점수가 78점 미만인 학생은 앞쪽으로, 78점 초과인 학생은 뒤쪽으로 이동합니다.

❻ 교사가 점수를 물어봤던 학생에게 해당 점수를 준 이유를 질문합니다.

❼ ❹~❻의 활동을 반복하며 방학 생활에 대해 이야기를 나눕니다.

✍️ TIP

💡 처음 점수 선에 설 때는 정확한 위치가 표시되어 있지 않으므로 자신의 점수에 따라 대략적인 위치를 가늠하여 서게 하며, 이때 자신의 점수를 다른 학생에게 말하지 않도록 안내합니다.

💡 활동 시작 전, 친구들의 이야기를 바탕으로 퀴즈를 낸다고 학생들에게 알립니다. 그리고 활동을 진행하며 중간중간 퀴즈를 내면 지루하지 않게 활동을 진행할 수 있습니다.

💡 점수 위치에 설 때, 자신의 방학 생활을 표현하는 동작을 취하도록 하면 더욱 즐거운 활동이 됩니다. 각자의 생각대로 자유롭게 동작을 취한 뒤, 교사가 다가가 어깨에 손을 올리면 소리를 내거나 움직이며 어떤 동작인지 자세히 표현하게 합니다. 어떤 동작인지 다 함께 맞혀 보고 방학 생활 이야기를 듣습니다.

틀린 그림 찾기

🎯 **준비물** 방학식과 개학식 때 찍은 학급 단체 사진, 화이트보드, 보드 마커

🐂 **활동 방법**

❶ 같은 장소, 같은 배열로 방학식 때와 개학식 때 사진을 찍습니다.

❷ 교사는 방학식과 개학식 때 찍은 학급 단체 사진을 인화하여 모둠별로 1장씩 나누어 줍니다.

❸ 방학식 때와 개학식 때 찍은 사진 속에서 모습이 달라진 친구들을 찾아봅니다. 단, 외적인 부분에서 변화를 찾아야 하며 매일 바뀌는 옷이나 신발, 장신구는 제외합니다. ⑩ 헤어스타일, 키 등

❹ 변화한 친구의 이름과 변화한 모습을 화이트보드에 기록합니다.

❺ 작성이 끝나면 발표 순서를 정하고, 모둠별로 나와 작성한 내용을 발표합니다. 이때 먼저 발표한 모둠에서 나온 내용은 제외하고 발표합니다. 다른 모둠이 발표한 내용에 설명이 필요하다고 생각하는 경우 설명을 요구할 수 있습니다.

❻ 모든 모둠의 발표가 끝난 뒤, 새롭게 발견한 점이 있다면 추가로 발표합니다.

❼ 발표한 내용을 바탕으로 변화가 가장 큰 학생을 선정합니다.

📝 **TIP**

💡 다른 학생의 외모를 지적하거나 비웃는 등 기분을 상하게 하는 행동을 하지 않도록 사전에 교육합니다.

💡 어떻게 달라졌는지 잘 설명한다면 가급적 정답으로 인정하여 창의적인 답안이 나오도록 유도합니다.

💡 방학식과 개학식 때 찍은 사진을 화면에 띄우고 함께 찾아보는 것도 좋습니다.

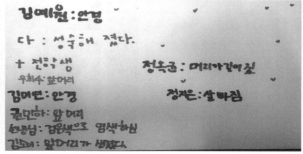

Mission 빙고

🔘 **준비물** 빙고 활동지, 필기도구

🐃 **활동 방법** 활동지 321쪽

① 교사는 학생들에게 빙고 활동지를 나누어 줍니다.

② 학생들은 방학 동안 빙고 칸에 적힌 일을 한 친구를 찾아 그 친구에게 미션을 수행하고 서명을 받습니다.

③ 친구의 서명을 받은 칸들로 3줄을 만들면 빙고 성공입니다.

📣 **TIP**

💡 반의 특징에 맞은 미션, 학생들이 방학 동안 한 일 등으로 빙고 활동지를 만들면 좋습니다.

💡 학생들과 함께 미션 칸을 채워 보는 것도 좋습니다. 이때 신체 접촉이 과하거나 다른 학생을 기분 나쁘게 할 수 있는 미션은 피하도록 미리 주의를 줍니다.

💡 서명은 1명에게 1번씩만 받을 수 있도록 하는 등의 규칙을 정해 학생들이 골고루 활동에 참여할 수 있도록 유도합니다. 단, 학급 전체 인원이 25명이 되지 않는 경우에는 같은 이름을 적을 수 있는 횟수를 조정합니다.

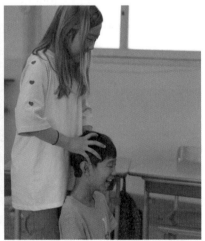

무용담 나누기

선생님 한마디

"방학 때 무엇을 했나요?"

의례적일 수도 있는 질문입니다. 그러나 마술과 함께 하니 다릅니다. 듣는 친구들도 말하는 친구들도 훨씬 적극적인 태도입니다. 마술로 몇 명의 이야기를 듣다 보니 어느 순간 마술보다는 자기의 방학 이야기를 하고 싶어 하여 자연스럽게 '나의 여름 방학 점수는?' 활동으로 넘어갔습니다.

사진을 비교하며 달라진 점을 찾을 때엔 달라진 점 찾기뿐만 아니라 '그때 그랬지.' 하며 추억을 회상하기도 했습니다. 사실 달라진 점 찾기를 하기 전엔 제 의도와 달리 개학 첫날부터 아이들이 상처를 받게 되지는 않을지 우려되었습니다. 잔소리하기 전 생각할 시간을 주니 오히려 아이들의 입에서 먼저 배려가 가득 담긴 말들이 나왔습니다. '낙서 금지, 듣는 사람의 기분 생각하기, 모두에게 관심 갖기, 사랑하는 마음으로 보기' 등 미처 생각하지 못한 배려까지 말했습니다. 걱정과 달리 화기애애한 분위기 속에서 활동이 이어졌고 방학 전의 분위기로 되돌아간 듯한 느낌이 들었습니다. 이런 분위기 속에서 빙고 게임을 시작하니 '누구에게 가서 물어보지?' 하며 고민하는 얼굴이 없었습니다. 모든 학생이 어색함 없이 즐겁게 놀이에 임하는 모습을 보니 제 마음도 즐거워졌습니다.

이런 분위기로 시작하다면 2학기 생활도 걱정 없지 않을까요?

아이들 활동 소감

예성) 방학 동안 못 본 친구들이 많아서 어색할까 봐 걱정했는데, 오늘 친구들이랑 이렇게 많이 이야기할 줄 몰랐어요. 반 친구들 전부랑 이야기한 것 같아요.

예진) 방학 이야기를 나눌 때, 처음에는 친구들이 재미있게 잘 들어 주었는데 나중에는 잘 안 들더라고요. 저도 같이 재미있게 얘기하고 싶었는데 마지막 순서라 조금 아쉬웠어요.

옥균) 1학기 때 사진을 보니 시간이 금방 지나간 것 같아 아쉬웠어요. 2학기에도 친구들과 많은 추억을 쌓고 싶어요.

개학식 수업 고수 되기

독서 수업 고수 되기

천고마비의 계절인 가을은 마음의 양식을 쌓는 독서의 계절로 불리기도 합니다. 좋아하는 연예인, 유튜버 등에 대한 질문에는 대부분의 학생들이 답을 잘하지만, 좋아하는 작가가 누구냐고 물어보면 쉽게 답하지 못합니다. 반면에 좋아하는 작가가 있는 학생들은 그 작가의 책을 만났을 때 반가움을 느끼고, 작가가 쓴 또 다른 책에 대해 궁금해하기도 합니다.

초등학교 시기가 독서에 대한 태도와 습관이 형성되는 중요한 때인 만큼, 이번 수업을 통해 학생들이 책과 한 걸음 더 가까워지길 바랍니다.

고수의 비법

작가 예언 마술

학생이 고른 작가가 누구인지 알아맞히는 마술

준비 난이도 💵💵💵💵💵　　기술 난이도 🐟🐟🐟🐟🐟

함께 하는 무림 활동

작가 인터뷰 빙고

작가에게 하고 싶은 질문들로
인터뷰를 하며 진행하는 빙고 놀이

나만의 마법책

나만의 마법책으로 자신이 읽은
책의 내용을 소개하는 활동

내 책 짝꿍 책갈피

나만의 특별한 책갈피를
만들어 보는 활동

작가 예언 마술

1

미리 준비한 예언 봉투를 학생들에게 보여 줍니다.

오늘 선생님이 신비한 예언 봉투를 가져왔어요. 이 예언 봉투 안에는 한 인물의

사진이 들어 있답니다.

2

한 학생에게 두 손으로 예언 봉투를 잡고 있게 합니다.

선생님의 이야기가 끝나기 전까지 △△(이)는 이 예언 봉투를 열어 보지 말고

소중히 보관해 주세요.

3

6명의 작가 카드를 칠판에 일렬로 붙입니다. 그리고 다른 학생을 지목하여 1~6의 숫자 중 가장 좋아하는 숫자가 무엇인지 물어본 후, 학생이 선택한 숫자에 해당하는 작가를 확인합니다.

선생님이 좋아하는 6명의 작가를 우리 교실에 초대했어요.

○○(이)가 1부터 6까지 숫자 중에서 가장 좋아하는 숫자 하나를 선택해 주세요. ○○(이)는 숫자 5를 골랐는데, 작가 카드에서 다섯 번째 인물은『지각 대장 존』을 쓴 '존 버닝햄' 작가네요.

4

예언 봉투를 보관하고 있던 학생에게 다가가 예언 봉투를 건네받습니다.

그런데 선생님이 처음에 △△(이)에게 주었던 예언 봉투를 모두 기억하고 있나요? 봉투 속의 내용을 보지 않고 잘 보관해 줘서 정말 고마워요.

5

예언 봉투 안에 들어 있는 예언 카드를 꺼내, 예언 카드의 인물이 학생이 고른 인물과 일치함을 보여 줍니다.

선생님이 봉투 속에 예언해 놓은 인물이 누구인지 우리 함께 확인해 볼까요?

와, 선생님과 ○○(이)의 마음이 통했나 봐요. ○○(이)가 선택한 숫자의 작가와 선생님이 예언한 작가가 똑같네요!

자, 그럼 지금부터 '존 버닝햄' 작가와 그가 쓴 책에 대해 좀 더 알아볼까요?

비법 공개

🎯 준비물

작가 카드 6장(투명 경질 봉투에 넣으면 카드를 깨끗하게 보관할 수 있습니다.), 예언 봉투 1장, 예언 카드(앞면과 뒷면으로 구성)

🐝 도구 만들기

1 작가 카드 만들기

앞면	황선미 · 앤서니 브라운 · 아스트리드 린드그렌 · 권정생 · 존 버닝햄 · 채인선
뒷면	3 · 5 · 2 · 1 · 6 · 4
※ 유의점	예언하고 싶은 2명의 작가(예 권정생, 존 버닝햄)를 선정한 후, 해당 인물의 작가 카드 뒷면에 각각 숫자 1과 6을 적습니다. 그리고 나머지 작가 카드 뒷면에는 각각 2~5의 숫자들을 자유롭게 씁니다. 카드 앞면은 작가의 사진이나 해당 작가가 쓴 책의 표지를 넣어 만드는 것이 좋습니다. 이때 카드 앞뒷면이 서로 비쳐 보이지 않도록 유의합니다.

2 예언 봉투 만들기

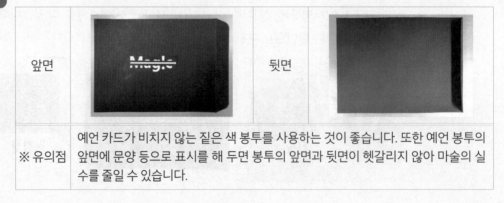

앞면 · 뒷면	
※ 유의점	예언 카드가 비치지 않는 짙은 색 봉투를 사용하는 것이 좋습니다. 또한 예언 봉투의 앞면에 문양 등으로 표시를 해 두면 봉투의 앞면과 뒷면이 헷갈리지 않아 마술의 실수를 줄일 수 있습니다.

3 예언 카드 만들기

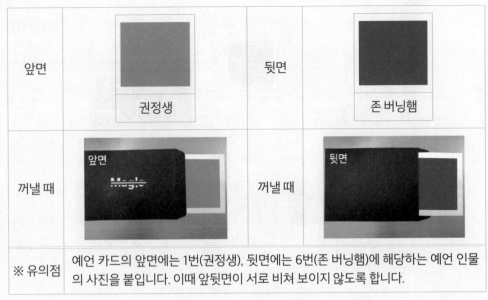

앞면	권정생	뒷면	존 버닝햄
꺼낼 때	앞면 Magic	꺼낼 때	뒷면
※ 유의점	예언 카드의 앞면에는 1번(권정생), 뒷면에는 6번(존 버닝햄)에 해당하는 예언 인물의 사진을 붙입니다. 이때 앞뒷면이 서로 비쳐 보이지 않도록 합니다.		

🔍 비법 풀이

이 마술은 1부터 6까지 나올 수 있는 모든 경우의 수를 준비하여 학생이 어떤 수를 선택하든 특정 작가 카드(1번이나 6번 카드)가 반드시 나오도록 규칙을 만들어 놓은 것입니다.

1 칠판에 작가 카드를 붙일 때, 1번 카드(권정생)는 오른쪽에서 세 번째에, 6번 카드(존 버닝햄)는 오른쪽에서 두 번째에 위치하게 합니다. 나머지 카드는 뒷면의 숫자와 상관없이 자유롭게 붙입니다.

황선미	앤서니 브라운	아스트리드 린드그렌	권정생	존 버닝햄	채인선

2 숫자 1~6 중 학생이 선택한 숫자에 따라 마술을 시연합니다.

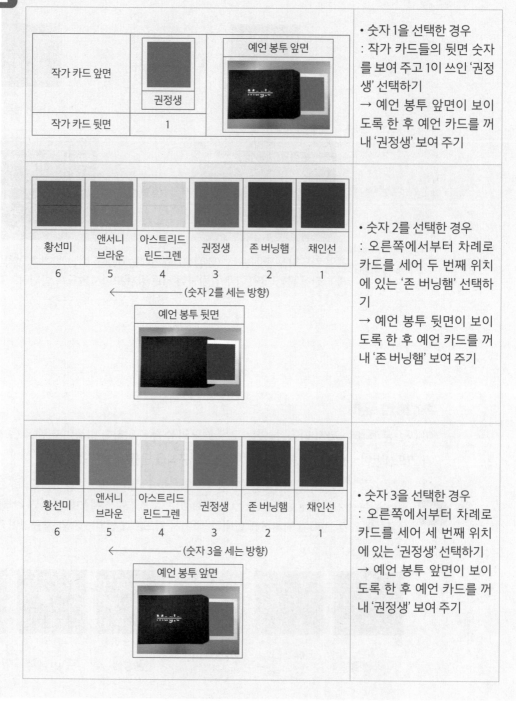

작가 카드 앞면	권정생	예언 봉투 앞면
작가 카드 뒷면	1	

• 숫자 1을 선택한 경우
: 작가 카드들의 뒷면 숫자를 보여 주고 1이 쓰인 '권정생' 선택하기
→ 예언 봉투 앞면이 보이도록 한 후 예언 카드를 꺼내 '권정생' 보여 주기

황선미	앤서니 브라운	아스트리드 린드그렌	권정생	존 버닝햄	채인선
6	5	4	3	2	1

←———— (숫자 2를 세는 방향)

예언 봉투 뒷면

• 숫자 2를 선택한 경우
: 오른쪽에서부터 차례로 카드를 세어 두 번째 위치에 있는 '존 버닝햄' 선택하기
→ 예언 봉투 뒷면이 보이도록 한 후 예언 카드를 꺼내 '존 버닝햄' 보여 주기

황선미	앤서니 브라운	아스트리드 린드그렌	권정생	존 버닝햄	채인선
6	5	4	3	2	1

←———— (숫자 3을 세는 방향)

예언 봉투 앞면

• 숫자 3을 선택한 경우
: 오른쪽에서부터 차례로 카드를 세어 세 번째 위치에 있는 '권정생' 선택하기
→ 예언 봉투 앞면이 보이도록 한 후 예언 카드를 꺼내 '권정생' 보여 주기

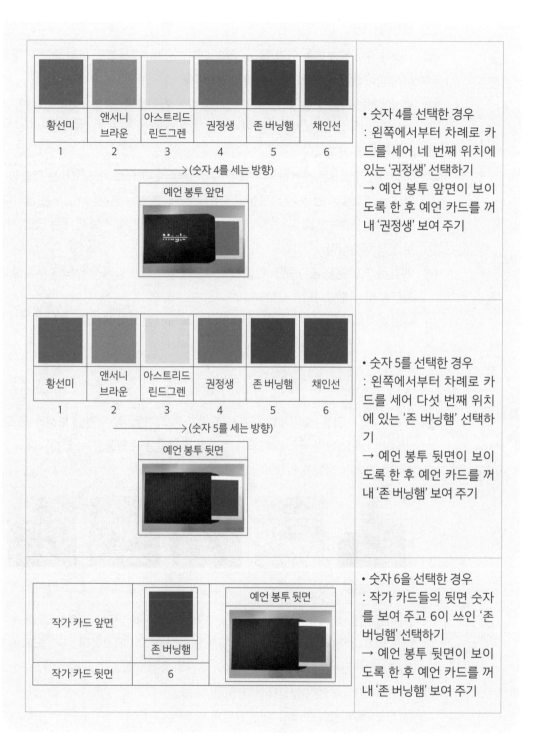

황선미	앤서니 브라운	아스트리드 린드그렌	권정생	존 버닝햄	채인선
1	2	3	4	5	6

——→ (숫자 4를 세는 방향)

예언 봉투 앞면

• 숫자 4를 선택한 경우
: 왼쪽에서부터 차례로 카드를 세어 네 번째 위치에 있는 '권정생' 선택하기
→ 예언 봉투 앞면이 보이도록 한 후 예언 카드를 꺼내 '권정생' 보여 주기

황선미	앤서니 브라운	아스트리드 린드그렌	권정생	존 버닝햄	채인선
1	2	3	4	5	6

——→ (숫자 5를 세는 방향)

예언 봉투 뒷면

• 숫자 5를 선택한 경우
: 왼쪽에서부터 차례로 카드를 세어 다섯 번째 위치에 있는 '존 버닝햄' 선택하기
→ 예언 봉투 뒷면이 보이도록 한 후 예언 카드를 꺼내 '존 버닝햄' 보여 주기

		예언 봉투 뒷면
작가 카드 앞면	존 버닝햄	
작가 카드 뒷면	6	

• 숫자 6을 선택한 경우
: 작가 카드들의 뒷면 숫자를 보여 주고 6이 쓰인 '존 버닝햄' 선택하기
→ 예언 봉투 뒷면이 보이도록 한 후 예언 카드를 꺼내 '존 버닝햄' 보여 주기

📖 유의할 점

☑ 학생에게 예언 봉투를 맡길 때, 두 손을 모아 그 사이에 봉투를 끼워 잡고 있게 하면 예언 봉투를 미리 열어 보는 행동을 막는 데 효과적입니다.

☑ 학생에게 숫자를 고른 후 한두 번 숫자를 바꿀 기회를 주면 좋습니다. 그래야 1에서 6까지 다양한 수의 가능성이 있다는 것을 인지하게 되고, 선택한 작가 카드와 예언 카드가 일치했을 때 놀라움이 더욱 커집니다.

☑ 학생이 숫자 2, 3을 선택한 경우 오른쪽에서부터 왼쪽으로 카드를 세는 모습이 어색하지 않도록 주의합니다. 교사가 작가 카드들의 오른쪽 끝에 서 있는 상태에서, '보통 글이나 숫자를 읽을 때 왼쪽에서 오른쪽으로 읽지만 오늘은 특별하게 반대로 세어 보겠다'는 말을 자연스럽게 덧붙이는 것도 좋습니다.

☑ 예언 카드 앞면 인물과 뒷면 인물이 각각 누구였는지 헷갈리지 않도록 주의하고 예언 봉투의 앞뒷면을 잘 구분합니다.

☑ 예언 봉투에서 예언 카드를 꺼낼 때 뒷면이 보이지 않도록 유의합니다.

🔔 또 다른 독서 활동: 교과서에 나온 작품의 다른 작가들, 학년 권장 도서의 책 표지, 책 속의 등장인물이나 주요 장면 등으로 카드를 만들어 독서 활동에 활용할 수 있습니다.

⋯▸ 다양한 독서 방법을 실천한 6인의 위인 카드

세종 대왕	정약용	박지원	원효 대사	정조	안중근

⑴ 세종 대왕: 백독백습, 여러 번 읽기, 고기는 씹을수록 맛이 나듯 책도 읽을수록 맛이 난다.

⑵ 정약용: 정독, 깊이 있게 읽기, 깨달은 것은 그때그때 메모하며 읽기, 필사하기

⑶ 박지원: 주변 사람들과 독서 후 토의·토론하며 활발히 의견 교환하기

⑷ 원효 대사: 비판적 시선으로 책 읽기

⑸ 정조: 독후 감상문 쓰기, 내용 요약하기, 필사하기

⑹ 안중근: 꾸준히 책 읽기, 하루라도 책을 읽지 않으면 입안에 가시가 돋는다, 처형 직전 책을 다 읽을 수 있게 5분만 시간을 달라고 말함.

작가 인터뷰 빙고

🍡 **준비물** 작가 인터뷰 질문 리스트, 작가 인터뷰 빙고 판, 필기도구, 주사위(모둠당 1개), 색연필

🐐 **활동 방법** 활동지 322쪽

❶ 6명이 한 모둠이 되도록 모둠을 구성한 후, 모둠별로 작가와 책에 대해 다양한 이야기를 나눕니다. 그리고 각자 질문 5가지를 만들어 작가 인터뷰 질문 리스트에 적습니다.

❷ 모둠 빙고 판의 빈칸에 서로 겹치지 않도록 이름과 질문 번호를 씁니다. 미션 칸에는 모둠별로 정한 미션을 씁니다.

❸ 모둠을 3명씩 두 팀으로 나눈 후, 각 팀의 색깔과 놀이 순서를 정합니다.

❹ 주사위를 2번 던져 첫 번째 숫자는 가로, 두 번째 숫자는 세로로 만나는 지점의 질문에 대한 대답을 합니다. 기자(주사위를 던져 나온 칸에 이름이 쓰여 있는 친구)는 작가(주사위를 던진 친구)에게 해당 번호의 인터뷰 질문을 합니다.

❺ 주사위를 던진 친구가 작가의 입장이 되어 대답을 잘하면 그 칸을 팀 색깔로 표시할 수 있습니다.

❻ 미션 칸에 걸리면 미션을 수행합니다. 미션 성공 시 그 칸을 팀 색깔로 표시할 수 있습니다.

❼ 제한된 시간 내 빙고를 완성한 팀이 이깁니다.

📝 **TIP**

💡 작가 인터뷰 질문 리스트를 작성할 때 교사가 구체적인 질문의 예를 여러 개 들어 주고, 다양한 질문을 만들 수 있는 허용적 분위기를 조성하는 것이 중요합니다.

나만의 마법책

🎖 **준비물** A4 용지, 가위, 투명 테이프, 색연필, 사인펜

🐄 **활동 방법**

	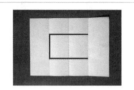		
❶ 종이를 4등분하여 접었다 폅니다.	❷ 아래위 6cm 정도 간격을 남겨 두고 가운데에 ㄷ자 선을 그립니다.	❸ ㄷ자 선을 따라 오린 후, 오른쪽으로 접습니다.	❹ 4등분된 면 중 가장 왼쪽 면을 오른쪽으로 1번 접습니다.

❺ ㄷ자 선을 따라 접은 면에서 튀어나온 부분을 뒤로 접습니다.	❻ 가장 왼쪽 면을 1번 더 오른쪽으로 접습니다.(책 앞면)	❼ 뒤집습니다.	❽ 가운데 부분을 투명 테이프로 붙입니다.(책 뒷면)

 →  →  →  →

첫 번째 면   (펼치면)   두 번째 면   (펼치면)   세 번째 면

❾ 빈 면을 자유롭게 꾸미면 나만의 마법책이 완성됩니다.

🔖 TIP

💡 마법책 펼치는 방법

책을 뒤쪽으로 반으로 접은 상태에서 가운데 부분을 잡고 양 옆으로 벌려서 펼치면 새로운 면(속지 1)이 나옵니다. 그리고 다시 책을 뒤쪽으로 반으로 접은 후 같은 방식으로 가운데 부분을 양 옆으로 벌려 펼치면 또 다른 면(속지 2)이 나옵니다.

💡 책과 관련하여 친구들에게 소개하고 싶은 것(작가의 삶, 줄거리, 작가가 쓴 다른 작품들, 책을 읽고 느낀 점, 내가 상상한 뒷이야기 등)을 글로 쓰거나 그림으로 그려서 나만의 마법책을 만들 수 있습니다. 나만의 마법책을 만든 뒤에는 마법책을 직접 펼쳐 보이며 친구들과 공유하는 시간을 갖도록 합니다.

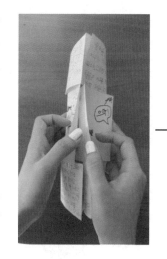 →

독서 수업 고수 되기

함께 하는
무림 활동

내 책 짝꿍 책갈피

🍡 **준비물** 색종이, 풀, 가위, 연필

🐂 **활동 방법**

❶ 색종이 1장을 준비합니다.

❷ 반으로 접어 세모를 만듭니다.

❸ 앞 장을 올려 꼭짓점과 윗변이 맞닿게 접습니다.

❹ 왼쪽을 내려 꼭짓점끼리 맞닿게 접습니다.

❺ 오른쪽도 ❹와 똑같이 합니다.

❻ 내렸던 왼쪽을 다시 올려 위의 꼭짓점과 맞닿게 접습니다.

❼ 오른쪽도 ❻과 똑같이 합니다.

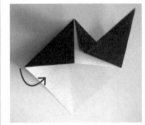

❽ 올려 접은 왼쪽 부분을 다시 내려 안쪽으로 넣습니다.

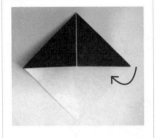

❾ 오른쪽도 똑같이 안쪽으로 넣습니다.

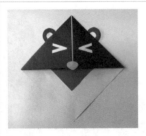

❿ 원하는 대로 꾸며 줍니다.

무용담 나누기

선생님 한마디

교육 과정 내 온 책 읽기의 중요성이 부각되면서 독서 수업에 대한 고민이 많아졌습니다. 독서를 지루해하는 학생들이 책 읽기의 즐거움을 깨닫고 능동적으로 책을 읽을 수 있도록 돕고 싶었습니다. 고민 끝에 생각해 낸 것이 '작가 예언 마술'입니다. 책을 읽기 전에 내가 읽을 책을 쓴 작가에 대해 알아보면 학생들이 자연스럽게 책에 더 관심을 가질 것이라 생각했기 때문입니다. 다행히도 수업을 마친 후 "이번 수업에서 알게 된 작가가 쓴 다른 책도 읽어 보고 싶나요?"라는 질문에 긍정적으로 대답하는 학생들의 모습을 보며 희망을 느꼈습니다.

'작가 인터뷰 빙고'는 작가와 기자의 입장에서 질문을 주고받으며 책에 대한 사고를 확장하는 활동입니다. 책의 내용을 확인하는 질문뿐만 아니라 정답이 정해져 있지 않은 질문에도 상상력을 발휘해 답을 생각해 내는 학생들의 모습에 감탄하기도 했습니다. 또 '나만의 마법책'과 '내 책 짝꿍 책갈피' 활동을 하면서 책과 관련된 자신만의 작품을 만들어 뽐내는 모습을 보며 뿌듯함을 느꼈습니다.

이렇게 수업에 작가와 책을 초대하여 이야기를 나누다 보면, 학생들이 책과 조금 더 가까워질 수 있지 않을까요?

아이들 활동 소감

보람 예언 봉투에서 친구가 고른 작가가 나와서 정말 신기했어요. 같은 책을 읽고 사람에 따라 이렇게 다양한 질문을 할 수 있다는 것이 놀라웠고, 친구들이 작가의 입장에서 대답을 해 주니 색다른 느낌이 들었어요.

경훈 책 읽을 때 책갈피가 꼭 필요한데, 내가 원하는 대로 책갈피를 꾸미면서 완성한 것이 만족스러웠어요.

지아 나만의 마법책을 넘기면서 친구들에게 내가 읽은 책을 소개하니 책과 좀 더 가까워진 기분이 들었고, 이야기 속에 더 빠져들 수 있었어요.

독서 수업 고수 되기

우리말 사랑 수업 고수 되기

10월 9일은 세종 대왕이 창제한 훈민정음의 반포를 기념하기 위하여 제정한 '한글날'입니다. 우리는 과학적이고 독창적인 문자인 한글을 근간으로 언어생활을 하고 있습니다. 한글날을 맞이하여 학생들에게 한글의 소중함을 일깨워 주고 나아가 우리의 언어생활을 돌아볼 기회를 주는 것이 어떨까요?

친숙하다는 이유로 한글을 홀대하지는 않았는지, 은어나 줄임말, 외국어를 남용하며 우리말을 파괴하고 있지는 않은지 돌아봅시다. 이번 수업을 통해 학생들이 마술같이 신기한 글자인 한글의 매력을 알고 우리말을 아끼고 사랑하는 태도를 기를 수 있기를 기대합니다.

고수의 비법

훈민정음 마술

책을 넘길 때마다 책 안의 내용이 달라지는 마술

준비 난이도   기술 난이도

함께 하는 무림 활동

초성을 부탁해
초성 카드에 나온 초성으로
다양한 낱말을 만들어 보는 놀이

아름다운 초성 더하기
초성 카드를 활용하여
아름다운 말을 만들어 보는 활동

아름다운 손
아름다운 우리말을 활용하여
자신의 손 모양을 꾸미는 활동

훈민정음 마술

1

마술책의 앞표지가 학생들을 향하도록 잡습니다.

선생님이 마술책을 가져왔습니다. 표지에 있는 이분은 누구일까요? 맞아요, 세종 대왕입니다. 오늘은 세종 대왕과 관련된 이야기를 들려주려고 합니다.

2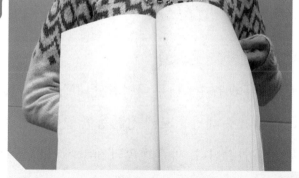

마술책을 넘기면서 백지를 보여 줍니다.

아주 먼 옛날 우리에게는 글자가 없었습니다. 그래서 우리는 이렇게 아무것도 적을 수가 없었어요.

마술책을 다시 넘기면서 한자를 보여 줍니다.

그런데 이웃 나라인 중국에는 글자가 있었지요. 그래서 우리는 중국의 글자를 빌려 와 사용하기 시작했습니다. 그 글자의 이름이 무엇일까요? 바로 한자입니다.

마술책을 또 다시 넘기면서 한글을 보여 줍니다.

하지만 한자는 일반 백성들이 배우기에 너무 어려워서 대체로 양반들만 사용했습니다. 이를 안타깝게 여긴 세종 대왕은 오랜 시간 동안 열심히 연구하여 누구나 익히기 쉬운 글자를 만들었습니다. 세종 대왕의 사랑이 담긴 글자! 그 글자가 바로 지금 우리가 사용하고 있는 한글입니다.

5

마술책 뒤표지에 적힌 훈민정음 글씨를 학생들에게 보여 줍니다.

한글의 또 다른 이름을 함께 읽어 볼까요? 바로 훈민정음입니다. 백성을 가르치는 바른 소리라는 뜻을 지니고 있습니다.

비법 공개

🎯 **준비물**

훈민정음 마술책

🪁 **도구 만들기**

1 훈민정음 마술책을 만들기 위해서는 앞표지(세종 대왕), 뒤표지(훈민정음), A4 종이(백지) 10장, 서로 다른 한자가 쓰인 종이 10장, 서로 다른 한글이 쓰인 종이 10장, 고정용 집게 3개, 자, 칼이 필요합니다.

우리말 사랑 수업 고수 되기

2

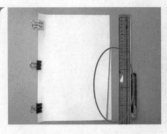
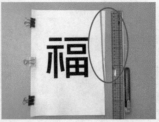

| A(백지) | B(한자) | C(한글) |

A 부분(백지 10장), B 부분(한자 10장), C 부분(한글 10장)을 각각 모은 후 종이들이 움직이지 않도록 왼쪽 부분을 집게로 고정합니다. 그리고 A, B, C 부분의 귀퉁이를 사진처럼 자릅니다.

3

귀퉁이를 자른 종이를 A, B, C, A, B, C······ 순으로 1장씩 모은 후, 앞표지와 뒤표지를 끼워 집게로 고정하면 마술책이 완성됩니다.

💨 비법 풀이

책을 넘기는 왼손 위치에 따라 종이가 잡히는 부분이 다르므로 책 내용이 달라지게 됩니다.

| 책 위쪽: 백지 | 책 아래쪽: 한자 | 책 가운데: 한글 |

📖 유의할 점

☑ A(백지) 부분, B(한자) 부분, C(한글) 부분의 귀퉁이를 자를 때 자르는 모양에 유의합니다.

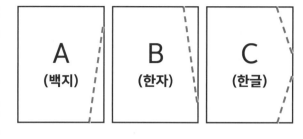

☑ 마술책을 만들 때 한자와 한글은 각각 다른 글자로 10개씩 준비합니다. 이때 한자는 검은색, 한글은 컬러로 인쇄하는 것이 좋습니다. 한글을 컬러로 인쇄하면 마술을 할 때 시각적 효과를 극대화할 수 있습니다.

☑ 마술을 할 때 종이가 잘린 모양이 보이지 않도록 학생들과 적절한 거리를 유지합니다.

☑ 왼손의 위치를 자연스럽게 바꾸면서 상황에 맞게 책을 넘기는 것이 중요합니다.

☑ 일반 A4 용지로 만들 경우, 사진이나 그림이 뒷면에 비칠 가능성이 있습니다. 이것을 해결하기 위한 방법은 2가지가 있습니다.

- 방법 ①: 120g이나 180g 종이처럼 두꺼운 종이를 사용하면 뒷면 비침 현상을 해결할 수 있습니다. 하지만 사진이나 그림 종류에 따라 다를 수 있으니 비치는지 확인을 하는 것이 좋습니다.

- 방법 ②: 그림과 그림 사이에 간지(A, B, C 부분에 각각 백지 10장씩)를 넣으면 비침 현상을 해결할 수 있습니다. 이 방법을 사용하면 총 60장으로 이루어진 마술책이 만들어지게 됩니다. 60장으로 이루어진 마술책은 두께감이 있어 넘기기 편하므로 이 방법을 추천합니다.

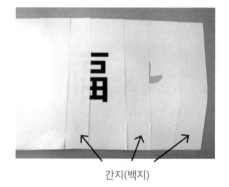

간지(백지)

비법 응용

🍡 여러 대상들의 공통점을 찾거나 하위어를 통해 상위어의 개념을 설명하는 수업에 활용할 수 있습니다.

⋯ 도형의 특성 및 개념 이해하기: 다양한 모양의 삼각기둥, 사각기둥, 오각기둥을 차례대로 보여 준 후 도형들의 공통점을 생각해 보게 합니다. '각이 있다, 기둥 모양이다.' 등의 공통점을 찾으면 뒤표지에 적힌 '각기둥'이라는 이름을 보여 줍니다.

🍡 시간 순서에 따른 사건을 설명하는 수업에 활용할 수 있습니다.

⋯ '개구리알, 올챙이, 개구리', '달걀, 병아리, 닭' 등을 차례대로 보여 준 후 '알을 낳는 동물의 한살이'를 공부할 것임을 알려 줍니다.

초성을 부탁해

🥏 **준비물** A4 도화지(뒷면이 비치지 않는 종이), 종이공(종이를 구겨서 만든 공), 색연필, 가위

🐂 활동 방법

❶ 교사는 A4 용지를 한 학생당 2장씩 나누어 준 후, 종이 1장을 8등분으로 잘라 총 16장의 카드를 만들게 합니다.

❷ 학생들은 각자 종이 카드에 자음을 1개씩 씁니다. 총 14개의 자음(ㄱ, ㄴ, ㄷ, ㄹ, ㅁ, ㅂ, ㅅ, ㅇ, ㅈ, ㅊ, ㅋ, ㅌ, ㅍ, ㅎ)을 쓰고 나머지 2장에는 별 표시를 합니다.

❸ 3~5명으로 모둠을 만든 후, 만든 카드들을 모두 모아서 섞습니다. 그리고 카드 뒷면이 보이도록 뒤집어 놓습니다.

❹ 가운데에 종이공을 놓은 후 가위바위보로 놀이 순서를 정합니다.

❺ 순서대로 한 사람씩 돌아가며 카드 2장을 뒤집습니다.

❻ 뒤집힌 카드에 적힌 자음을 초성으로 하는 낱말을 떠올려 봅니다.

❼ 낱말이 생각나면 종이공을 들고 그 낱말을 말합니다.
　　㉖ ㅎ, ㄱ ⇒ 학교, 한국, 교훈 등

❽ 정답을 맞히면 초성 카드를 가져갑니다. 제한 시간 동안 규칙에 따라 제일 많은 초성 카드를 획득한 사람이 승리합니다.

[놀이 규칙]
- 카드를 뒤집은 사람뿐만 아니라 다른 학생들도 종이공을 들고 낱말을 맞힐 수 있습니다.
- 낱말은 사전에 수록된 것만 답으로 인정합니다.
- 카드의 자음 순서는 상관없습니다. ㉖ ㅅ, ㅂ ⇒ 수박, 박수
- 별 표시가 있는 카드는 어떤 자음이든 가능한 카드입니다. ㉖ ㅅ, ★ ⇒ 사랑, 사탕, 인사 등
- 뒤집어서 똑같은 자음이 나오면 낱말을 맞히지 않고 뒤집은 사람이 초성 카드를 가져갑니다.
- 뒤집은 카드를 아무도 맞히지 못하면 카드를 뒤집은 사람이 획득한 카드 중에서 1장을 내놓습니다. 그리고 맞히지 못한 카드들과 함께 뒤집어 놓습니다.

📝 TIP

💡 A4 도화지 대신 뒷면이 비치지 않는 두꺼운 종이를 사용해도 됩니다.

💡 종이공은 A4 용지를 1~2장 구겨서 만듭니다. 종이공 대신에 필통 같이 쉽게 잡을 수 있는 물건을 놓아두어도 괜찮습니다.

💡 초성 카드에 자음을 쓸 때 ㄱ, ㄴ 등이 헷갈리지 않도록 자음의 이름도 함께 쓰게 합니다.

💡 학생들이 규칙을 충분히 숙지한 후 놀이에 참여할 수 있도록 지도합니다.

아름다운 초성 더하기

💿 **준비물** '초성을 부탁해' 활동에서 만든 초성 카드, 4절 도화지, 색연필이나 사인펜

🐂 **활동 방법**

❶ 모둠별로 초성 카드를 활용하여 상대를 기쁘게 할 수 있는 아름다운 말들을 만듭니다.

　예) ㄱ, ㅁ, ㅇ ⇒ '고마워'
　　　ㅅ, ㄹ, ㅎ ⇒ '사랑해'

❷ 초성 카드로 만든 아름다운 말들을 4절 도화지에 붙입니다.

❸ 모둠에서 만든 아름다운 말들을 발표합니다.

📣 **TIP**

💡 초성 카드는 '초성을 부탁해' 활동에서 만든 카드를 모두 사용하도록 하며, 쌍자음(ㄲ, ㄸ, ㅃ, ㅆ, ㅉ)은 자음 카드에 추가하여 쓰도록 안내합니다.

💡 시간을 충분히 주고 학생들의 다양한 생각을 존중한다면 '너라서 좋아, 수고했어, 평생 친구야' 등의 다양한 말들이 나올 수 있습니다.

💡 모둠별로 발표하면서 이 말을 아름답다고 생각한 이유가 무엇인지, 어떤 상황에서 이런 말들을 사용하면 좋을지에 대해서도 이야기하게 하면 좋습니다.

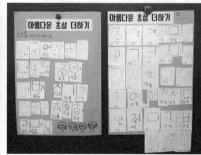

아름다운 손

⬤ **준비물** 흰 도화지, 검은 도화지, 가위, 풀, 색연필, 사인펜

🐂 **활동 방법**

① 흰 도화지에 손목까지 나오도록 손을 댄 후 테두리를 따라 그립니다.

② 그린 손 안에 아름다운 가치 낱말들이나 순우리말 낱말들을 적어 넣습니다. 글자들 사이의 빈 공간에는 자음과 모음을 씁니다.

③ 글자의 테두리를 검은 사인펜으로 따라 그린 후 색연필이나 사인펜으로 글자 안을 색칠합니다.

④ 손 모양을 자른 후 검은 도화지에 붙입니다. 그리고 검은 바탕을 예쁘게 꾸며 완성합니다.

✒️ **TIP**

💡 손 안에 '사랑, 존중, 배려'와 같은 가치 낱말들이나 '벗(친구), 고뿔(감기), 너나들이(허물없이 지내는 사이)' 등의 아름다운 순우리말을 적게 하면 좋습니다.

💡 학생들의 수준에 맞게 활동을 변형할 수 있습니다. 저학년의 경우 자르는 작업 없이 흰 종이에 손 모양을 따라 그리고 글씨를 꾸미는 방식으로 작품을 좀 더 쉽게 완성하도록 할 수 있습니다. 고학년의 경우 두 손을 그리게 하면 좋습니다.

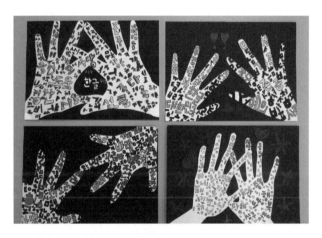

💡 사이버 윤리와 연관 지어 수업을 진행할 수 있습니다. 악성 댓글에 대해 생각해 보고 자신의 두 손은 어떤 언어를 담고 있었는지 반성해 보는 기회를 가질 수 있습니다.

💡 활동 전이나 후에 학생들과 함께 「한글송」(하리 노래, 단디 작사·작곡)을 들어 보면 좋습니다. 이 노래 가사에는 훈민정음의 뜻, 훈민정음의 우수성 등이 잘 나타나 있습니다. 노래 가사에 대해 충분히 이야기를 나눈 후 가사에 맞게 그림을 그리고 이를 연결하여 뮤직비디오를 만드는 활동도 추천합니다.

무용담 나누기

선생님 한마디

"우아! 글자가 바뀌었다!"

초롱초롱 빛나는 눈이 마술책으로 모였습니다. 책이 뚫어져라 쳐다보는 학생들의 모습에 교사인 제가 더 신이 났습니다. 학생들은 "나 저거 아는데." 하며 의기양양해하기도 하고 "꼭 비법을 알아내고 말겠어." 하며 의지를 불태우기도 하고, "우리 선생님 대단하신데." 하며 환호를 보내기도 했습니다.

마술 이후 이어진 3가지 활동도 성공적이었습니다. 학생들은 '초성을 부탁해', '아름다운 초성 더하기', '아름다운 손' 활동에 적극적으로 참여하였습니다. 놀이에서 미술 활동으로 이어진 수업에 신이 났는지 수업이 끝나는 것을 아쉬워하기까지 했습니다.

저는 학생들의 모습에서 진짜 마술을 본 것 같았습니다. 학생들이 선생님은 마술사 같다며 아낌없이 칭찬을 해 주고 한글의 위대함에 감탄하며 자신의 우리말 사용 태도를 반성하기까지 했으니까요. 이 모든 것이 가능했던 것은 한글과 마술이 지닌 힘 때문이 아닐까 합니다. "한글은 마술처럼 신기하고 대단한 글자인 것 같아요."라고 말하는 학생들을 보며 한글의 위대함을 다시 한번 느꼈습니다. 한글, 참 자랑스럽습니다.

아이들 활동 소감

지훈 '초성을 부탁해'를 하며 자음과 모음이 만나 낱말이 만들어진다는 것을 실감했어요. 조마조마하고 스릴 넘치는 놀이라 정말 즐거웠어요.

인서 '아름다운 초성 더하기' 활동으로 마음이 따뜻해졌어요. 친구에게 아름다운 말을 많이 해 줄 수 있도록 노력해야겠어요.

진 '아름다운 손' 활동을 통해 한글이 참 예쁜 글자라는 것을 느꼈어요. 예쁜 한글로 꾸며져 있는 제 손이 자랑스러워요.

146

공동체 놀이 수업 고수 되기

학생들의 학교생활에서 교우 관계는 큰 비중을 차지합니다. 교우 관계가 좋은 학생은 학교생활에서 느끼는 행복감과 만족도가 높습니다. 학생들이 건강하고 긍정적인 교우 관계를 형성하도록 교사는 어떠한 도움을 줄 수 있을까요?

이러한 고민을 해결하는 데 교실 놀이가 도움이 될 수 있습니다. 특히 경쟁 요소를 최소화하고 아이들끼리 서로 협동하며 즐길 수 있는 놀이가 효과적입니다. 이번 수업을 통해 교실 속 아이들이 서로 친밀감을 높이고 하나로 뭉칠 수 있는 기회를 만들어 보면 어떨까요?

고수의 비법

종이컵 찾기 마술

학생이 고른 종이컵을 알아맞히는 마술

준비 난이도   기술 난이도

함께 하는 무림 활동

거울 주인공 찾기

주인공 1명의 행동을 나머지 학생들이 따라 하고 술래는 주인공을 찾는 놀이

내가 지켜 줄게

친구가 넘어지지 않도록 도와주는 놀이

풍선을 살려라

공중에 띄운 풍선이 땅에 떨어지지 않도록 협동하여 지키는 놀이

인간 통나무

친구들끼리 인간 통나무를 만들어 친구를 이동시키는 놀이

종이컵 찾기 마술

비법 시연

1 종이컵 3개를 책상 위에 나란히 놓습니다.

오늘은 선생님이 간단한 마술을 보여 주려고 해요. 우리 반 친구가 고른 종이컵을 선생님이 보지 않고 찾아볼게요.

2 학생 1명을 앞으로 나오게 한 후, 교사가 뒤돌아 있는 동안 종이컵 3개 중 마음에 드는 것을 하나 고르게 합니다.

선생님이 뒤돌아 있는 동안 ○○(이)는 마음에 드는 종이컵 하나를 골라 주세요.

148

3 선택한 종이컵을 들어 다른 학생들에게 보여 준 후, 다시 제자리에 내려놓도록 합니다.

선택한 종이컵을 들어서 친구들에게 보여 주고 다시 제자리에 내려놓으세요.

4 선택한 종이컵을 제외한 나머지 종이컵 2개의 위치를 서로 바꾸게 합니다.

컵을 내려놓으면서 컵의 위치가 약간 달라졌을 수 있겠네요. 이제 나머지 두 컵도 위치를 맞바꾸세요. 그러면 세 컵 모두 위치가 조금씩 달라지겠죠?

5 학생이 고른 종이컵이 무엇인지 알아맞힌 뒤, 컵 안의 글자를 확인합니다.

○○(이)가 고른 종이컵은 바로, 짜잔, 이 컵인 것 같네요. 이제 종이컵을 뒤집어서 안에 무슨 글자가 붙어 있는지 확인해 줄래요? '체'라는 글자가 들어 있네요.

6

나머지 종이컵 안의 글자도 확인합니다.

그럼 나머지 종이컵에는 어떤 글자가 들어 있는지 함께 볼까요? '공'과 '동'이라는 글자가 들어 있네요. 이 글자들로 낱말을 만들어 볼까요? 맞아요, '공동체'입니다.

오늘 선생님이 준비한 놀이의 주제가 바로 '공동체'랍니다. 지금부터 신나게 공동체 놀이를 시작해 봅시다.

비법 공개

🎵 준비물
똑같은 크기와 모양의 종이컵 3개

🐌 비법 풀이

1

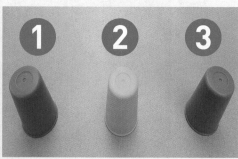

종이컵 1개의 바닥에 교사만 알아볼 수 있도록 손톱으로 자국을 내 표시를 해 둡니다. 표시한 컵은 가운데에 놓습니다.

＊'비법 풀이'에서는 이해하기 쉽도록 표시한 컵을 노란색 컵으로 준비했습니다.

2

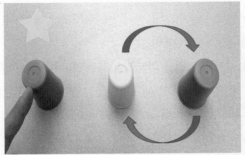

학생이 1번 컵을 선택했다면, 선택하지 않은 컵들의 위치를 바꾸게 했으므로 2번과 3번 컵의 위치가 바뀝니다. 이때 학생이 고른 컵은 표시해 놓은 종이컵(노란색)에서 가장 멀리 있는 컵입니다.

3

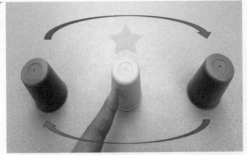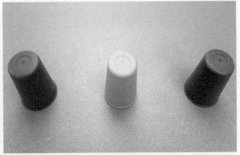

학생이 2번 컵을 선택했다면 1번과 3번 컵의 위치가 바뀌고, 2번 컵의 위치는 처음과 동일합니다. 표시해 놓은 종이컵(노란색)의 위치가 변함이 없다면 학생이 고른 컵은 가운데 컵입니다.

4

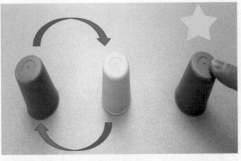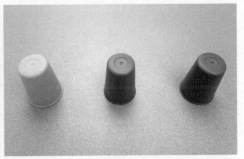

학생이 3번 컵을 선택했다면, 1번과 2번 컵의 위치가 바뀝니다. 이때 학생이 고른 컵은 표시해 놓은 종이컵(노란색)에서 가장 멀리 있는 컵입니다.

🏮 유의할 점

☑ 교사가 종이컵에 표시한 부분을 학생들이 알아채지 못하도록 조심해야 하며, 표시된 부분을 찾을 때에도 학생들이 눈치채지 않도록 주의해야 합니다.

☑ 마술을 시연하기 전에 교사가 먼저 종이컵을 어떻게 바꾸는지 시범을 보여 주는 것이 좋습니다.

☑ 학생이 나머지 종이컵의 위치를 왜 바꿔야 하느냐고 질문할 경우, 선택한 컵을 들었다가 내렸을 때 위치가 바뀔 수 있으므로 나머지 두 컵의 위치도 바꾸어서 교사가 알아맞히기 어렵게 하기 위해서라고 말해 주면 좋습니다.

🐧 학급 생일 파티: 학급에서 생일 파티를 할 때, 생일을 맞은 학생이 선물을 고르게 하는 방법으로 활용할 수 있습니다.

⋯ 3가지 선물 이름을 각각 종이컵 바닥에 붙여 놓고, 학생이 고른 컵을 맞힌 후 그 안에 적혀 있는 선물을 줍니다.

🐧 학생 상담 활동: 상담을 할 때 학생이 교사에게 마음을 열고 친숙함을 느끼도록 하기 위해 활용할 수 있습니다.

⋯ '넌 최고야.', '선생님은 네가 기특해.', '넌 정말 멋져.'와 같은 격려의 문장을 각각 종이컵 바닥에 붙여 놓고, 학생이 고른 종이컵을 선생님이 맞힌 뒤 그 안에 남겨 놓은 메시지를 확인하게 하면 상담을 시작할 때 서로 더 가까워진 마음으로 이야기를 시작할 수 있습니다.

거울 주인공 찾기

🐮 활동 방법

① 학생들이 모두 서서 원을 만듭니다.

② 술래 1명을 뽑아 눈을 감게 한 후, 나머지 학생 중에서 주인공을 1명 뽑습니다.

③ 교사의 시작 신호와 함께 주인공이 특정 동작이나 행동을 하면 나머지 학생들이 따라 합니다.

④ 술래는 주인공이 누군지 찾아냅니다.

⑤ 술래가 주인공을 찾으면 주인공이었던 학생이 술래가 됩니다.

🖌 TIP

💡 놀이를 할 때 경쾌한 분위기의 음악을 틀어 주면 좋습니다.

💡 교사도 술래가 되어 학생들과 함께 놀이에 참여하면 즐거움이 배가 될 수 있습니다.

💡 실내화 등 교실 안에 있는 소품을 이용해서 동작을 하면 새로운 재미를 줄 수 있습니다. 단, 동작을 따라 하는 학생들도 바로 구할 수 있는 소품이어야 합니다.
　㉅ 실내화로 전화 받기

💡 주인공을 직접적으로 바라보며 행동을 따라 하면 술래가 주인공이 누구인지 쉽게 눈치챌 수 있으므로 이 점에 주의하도록 미리 지도합니다.

공동체 놀이 수업 고수 되기

함께 하는 무림 활동

내가 지켜 줄게

🐂 활동 방법

① 학생들은 사계절 중에서 자신이 좋아하는 계절 하나를 고릅니다.

② 교사가 음악을 틀면 학생들은 다 함께 일어나서 음악에 맞춰 춤을 춥니다.

③ 교사가 음악을 잠시 멈추고, 계절 중 하나를 외칩니다.

④ 교사가 외친 계절을 선택한 학생들은 자기 자리에서 넘어지는 행동을 합니다.

⑤ 넘어질 때 주변에 있던 학생들이 잡아 주면 계속 놀이에 참여할 수 있습니다.

⑥ 바닥에 완전히 넘어진 학생은 놀이에서 탈락합니다.

⑦ 탈락한 학생은 교사가 제시하는 미션(삼행시 짓기, 선생님과 가위바위보해서 이기기 등)을 수행하면 다시 놀이에 참여할 수 있습니다.

📓 TIP

💡 사계절 대신 동서남북이나 숫자 등으로 대체해서 활동해도 좋습니다.

💡 처음에는 계절 이름을 하나씩 부르다가 학생들이 활동에 익숙해지면 계절 이름 2개를 한꺼번에 부르는 등 다양하게 활동을 변형할 수 있습니다.

💡 넘어질 때 되도록 천천히 행동하도록 안내합니다.

💡 강당과 같이 넓은 공간에서 놀이를 할 경우에는 콘 등을 이용해서 활동하는 범위를 제한합니다.

풍선을 살려라

준비물 모둠별 풍선 1개씩

활동 방법

① 4~6명 정도의 학생들이 손을 잡고 둥글게 원을 만들어 섭니다.

② 교사가 신호와 함께 풍선 1개를 모둠이 만든 원 안에 띄워 줍니다.

③ 제한 시간 1분 동안 풍선을 땅에 떨어뜨리지 않은 모둠이 승리합니다. 이때 옆의 친구와 손이 떨어지면 실패입니다.

TIP

▫ 어느 모둠이 공중에 풍선을 더 오래 띄우고 있는지 경쟁하기보다는 제한 시간 동안 풍선을 떨어뜨리지 않는 것에 집중하도록 지도합니다.

▫ 중학년 이상은 풍선 대신 가벼운 공을 활용해도 좋습니다.

▫ 교사가 풍선을 떨어뜨릴 때 모둠 가운데가 아닌 1명의 학생 몸 가까이에 떨어뜨리면 좀 더 재미있게 활동할 수 있습니다.

▫ 처음에는 한 모둠끼리 하고, 어느 정도 연습이 되면 두 모둠이 하나의 풍선을 살리는 것으로 변형하거나 몇 개의 모둠이 힘을 합쳐 여러 개의 풍선을 살리는 것으로 진행하면 더욱 재미있습니다. 함께 도전하는 사람이 많아질수록 미션을 성공했을 때의 성취감과 기쁨도 배가 됨을 경험할 수 있습니다.

▫ 풍선에 모둠별로 중요하게 생각하는 인성 요소(나눔, 배려, 용기 등)를 적어 보게 하는 것도 좋습니다.

인간 통나무

🐗 활동 방법

① 교사가 숫자를 외치면 그 숫자대로 인원을 맞춰 모둠을 만듭니다.

② 인간 통나무 위에 누울 학생 1명을 뽑고, 나머지 학생들은 바닥에 나란히 누워 인간 통나무를 만듭니다.

③ 인간 통나무 위에 눕는 학생은 다른 학생들이 누운 방향과 직각이 되도록 눕습니다.

④ 교사가 신호를 하면, 인간 통나무가 된 학생들은 옆으로 구르면서 누워 있는 학생을 옮깁니다.

⑤ 옆으로 구를 때에는 1번 구를 때마다 맨 뒤의 학생이 맨 앞으로 이동한 뒤 다시 눕는 과정을 반복하며 인간 통나무를 이어 줍니다.

⑥ 누워 있는 학생을 골인 지점까지 무사히 옮기면 미션 성공입니다.

📝 TIP

💡 신체를 접촉하며 하는 놀이이기 때문에 성별을 나누어서 모둠을 이루는 것이 좋습니다.

💡 잔디 위에서 하거나, 매트를 깔고 하는 것이 안전합니다.

💡 인간 통나무 학생들이 옆으로 구르면 그 위에 누워 있는 학생은 조금씩 옆으로 움직이게 됩니다. 이때 마음대로 빠르게 굴러서 다치지 않도록 미리 지도를 합니다.

💡 처음에는 인간 통나무를 만드는 학생들을 4~5명 정도로 정하고, 학생들이 방법을 익히게 되면 인원을 늘리는 것이 좋습니다.

💡 통나무 위에 눕는 학생을 여러 명으로 해서 진행해도 재미있습니다.

선생님 한마디

아이들에게 학교가 공부만 하는 지겨운 곳이 아니라, 친구들과 즐겁게 지내는 배움의 공간이 되었으면 좋겠다고 생각했습니다. 공동체 놀이가 하나의 기회가 되었고, 놀이를 할 때 경쟁 요소는 최대한 생략하여 아이들이 승패에 집중하지 않고 다 함께 즐길 수 있도록 하였습니다. 공동체 놀이의 핵심은 그냥 함께 웃으며 즐겁게 노는 것입니다.

해마다 학급에서 공동체 놀이를 진행하면서 느낀 효과는 기대 이상입니다. 평소 말도 잘 섞지 않았던 아이들이 공동체 놀이를 하며 함께 웃고 즐기는 과정에서 자연스레 친해지기도 했습니다. 그러면서 학급 아이들끼리 친밀감도 점점 높아졌습니다. 또 서로 양보하고 배려하는 태도가 몸에 배면서 아이들의 사회성에도 긍정적인 변화가 생기기 시작했습니다. 교실 안에서 아이들의 갈등 상황이 많이 줄었고, 작은 다툼은 스스로 해결하는 경우가 많아졌습니다.

바쁘게 돌아가는 학교생활이지만 가끔씩 아이들과 신나게 놀 수 있는 기회를 가지면 어떨까요? 이번 수업에서 소개해 드린 간단한 마술과 몇 가지의 공동체 놀이가 즐겁고 건강한 학급을 만들어 가는 데 도움이 되었으면 좋겠습니다.

아이들 활동 소감

쇼민) 선생님이 보여 주신 종이컵 마술은 정말 신기했어요. 선생님이 우리 마음을 다 알고 있는 것 같았어요.

현우) 공동체 놀이는 이기고 지는 것이 없고 모두가 즐겁게 놀 수 있어서 좋아요. 공동체 놀이를 하고 나면 기분이 좋아져요. 자주 하고 싶어요.

유니) 선생님이 마술도 보여 주시고, 친구들과 공동체 놀이도 해서 정말 좋아요. 특히 마술에 제가 직접 참여할 수 있어서 더 좋았어요.

가치 찾기 수업 고수 되기

'가치'는 사물이 지니고 있는 쓸모, 또는 한 대상이 인간과의 관계에 의하여 지니게 되는 중요성을 뜻하는 말입니다. 자신에게 소중한 가치가 무엇이냐고 물으면 학생들은 어떤 대답을 할까요? 건강, 사랑, 가족, 친구, 경제력, 추억 등 다양한 대답이 쏟아질 것입니다.

이번 수업은 학생들이 가치의 개념에 대해 진지하게 고민하는 시간이 될 것입니다. 또 반 친구들과 함께한 지난 시간이 갖는 가치에 대해서도 깊이 생각해 보는 기회를 제공할 것입니다. '나만의 가치'에서 '함께 누리는 가치'까지 지금 바로 '가치 여행'을 떠나 볼까요?

고수의 비법

가치 기억 카드 마술
카드에서 동전이 나오게 하는 마술

준비 난이도 　　기술 난이도

함께 하는 무림 활동

소원의 동전 탑 쌓기
나만의 가치를 실현하기 위한 실천 항목을 작성한 후 동전 탑을 쌓는 활동

가치 땅따먹기
동전을 3번 튕겨서 다시 안으로 들어오면 자신의 가치 땅이 커지는 놀이

동전 퀴즈 맞히기
동전을 튕겨서 우리 반과 관련한 문제를 맞히는 활동

가치 기억 카드 마술

1

2장의 가치 기억 카드를 양손에 들고 학생들에게 보여 줍니다.

선생님이 우리 반 친구들과 함께 경험했던 일들을 적은 가치 기억 카드 2장을 가져왔어요.

2

한쪽 손에 들고 있는 가치 기억 카드 앞뒤에 이상이 없음을 확인합니다.

앞면에는 운동회, 학예회, 현장 학습이 적혀 있고 뒷면에는 글 똥 누기, 생일 엽서, 학습 놀이가 적혀 있네요.

3

양손의 가치 기억 카드를 모읍니다.

또 다른 가치 기억 카드에는 어떤 내용들이 적혀 있는지 살펴볼게요.

4

또 다른 손에 들고 있던 가치 기억 카드 앞 뒤에도 이상이 없음을 확인합니다.

앞에는 수학여행, 데생 등이, 뒤에는 장기 자랑, 하루 영어 문장 등이 적혀 있네요.

5

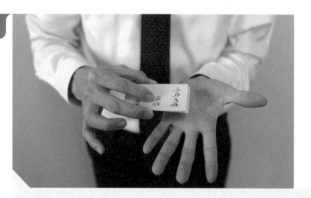

두 가치 기억 카드를 잘 포개어 잡습니다.

이러한 경험이 소중한 이유는 무엇일까요? 그건 바로 우리 모두에게 중요하고 가치 있는 일이기 때문이에요. 이 가치 기억 카드 속에서 그 가치를 함께 발견해 볼까요?

6 학생들이 셋까지 세면 빈 가치 기억 카드에서 동전 하나를 꺼내 보여 줍니다.

다 함께 하나, 둘, 셋을 외쳐 주세요!

빈 가치 기억 카드에서 동전이 나왔네요! 이 동전도 많은 사람이 가치 있는 것이라고 약속하지 않았다면 길거리에 있는 돌멩이와 다를 바가 없었겠죠?

이번 수업에서는 '가치'에 대해 생각해 보고 이를 되새겨 보는 다양한 활동을 하겠습니다.

비법 공개

🔘 준비물

가치 기억 카드 2장, 동전 1개

🐟 도구 만들기

1 가치 기억 카드를 만들기 위해서는 명함 크기의 두꺼운 종이(가로 9cm, 세로 5cm) 2장과 네임 펜이 필요합니다.

종이 앞뒤에 학생들과 함께 경험했던 내용들을 작성하면 가치 기억 카드가 완성됩니다.

🐝 비법 풀이

이 마술은 처음부터 동전 1개를 가치 기억 카드 뒤에 숨긴 후 카드와 함께 잡은 상태로 시작합니다. 동전을 함께 잡고 있지 않는 쪽의 가치 기억 카드 앞뒤를 먼저 확인시켜 줍니다.

다른 쪽 가치 기억 카드의 앞뒤를 확인시켜 준다고 말하면서 오른손 엄지로 잡고 있던 동전을 재빨리 왼손 엄지로 넘깁니다.

3

가치 기억 카드의 앞면과 뒷면 확인이 모두 끝나면 동전이 보이지 않도록 가치 기억 카드를 포개어 놓고, 안에 들어 있는 동전을 천천히 손바닥에 떨어뜨립니다.

🏳️ 유의할 점

☑ 한쪽에서 다른 쪽으로 동전을 옮기는 과정이 자연스럽고 빠르게 이루어져야 합니다. 예컨대 동전을 들고 있지 않은 명함의 앞뒤를 보여 주고 몸의 가운데로 명함을 가지고 와서 동전을 옮긴 후, 다른 쪽의 명함 앞뒤를 확인시켜 줍니다.

☑ 마술을 보여 줄 때 잡고 있던 동전을 떨어뜨리지 않도록 주의합니다.

비법 응용

🪙 **단원 도입 활동**: 단원을 시작할 때 학습 내용을 안내하거나 학습 동기를 유발하기 위해 활용할 수 있습니다.

⋯⋯ 수학 교과 수업에서 학습 내용 안내하기: 각각 30원과 70원이라고 적힌 카드 2장을 보여 주고 더하기 주문을 외면 100원 동전이 나타나게 합니다.

⋯⋯ 경제 교육 시 학습 동기 유발하기: 절약, 용돈 기입장 쓰기 등의 내용이 쓰인 카드 2장에서 동전이 나오게 한 후, 올바른 경제 습관을 가지는 것이 중요함을 강조합니다.

🪙 **경제 수업**: 세계 여러 나라의 동전을 배우는 시간에 활용할 수 있습니다.

⋯⋯ 뉴욕, 워싱턴 등 미국의 도시 이름이 적힌 카드 2장을 보여 주고 주문을 외면 미국 동전이 나오게 합니다.

소원의 동전 탑 쌓기

🍡 **준비물** 빈 종이, 필기도구, 동전(학생 수만큼 준비)

🐂 **활동 방법**

❶ 학생들은 자신이 가장 중요하다고 생각하는 가치 덕목과 그 가치를 실현하기 위한 방법을 종이에 적습니다.

❷ 교사는 교실 앞에 책상을 하나 준비해 두고 학생들이 나올 순서를 정합니다.

❸ 학생들이 차례로 나와 가치 덕목이 적힌 종이를 책상에 내려놓고, 자신이 적은 가치를 실현하기 위해 노력하겠다는 다짐을 하며 동전 탑을 쌓습니다.

📋 **TIP**

💡 100원짜리 동전을 1개씩 준비하도록 미리 안내합니다.

💡 다양한 가치에 대해 미리 이야기를 나누면 학생들이 활동을 하는 데 도움이 됩니다.

💡 각자 작성한 가치 덕목과 실천 방법을 친구들 앞에서 발표하게 한 후, '가치 덕목 종이'를 알림장이나 일기장에 붙이게 하면 좋습니다.

💡 활동이 일회성으로 끝나지 않도록, 일정 기간이 지난 후 학생들이 다짐한 내용을 잘 지키고 있는지 확인합니다.

가치 땅따먹기

🎯 **준비물** 전지 1장, 연필, 지우개, 자, 동전 여러 개(놀이에 참여하는 사람 수만큼 준비)

🐂 활동 방법

① 전지 1장 위에 놀이에 참여하는 사람 수만큼 동그라미(지름 7cm 정도)를 그립니다.

② 각자 동그라미 안에 자신이 가장 중요하게 여기는 가치를 씁니다.

③ 가위바위보로 놀이 순서를 정합니다.

④ 첫 번째 학생이 자신의 가치가 적힌 동그라미 안에 동전을 올려놓습니다.

⑤ 손가락으로 동전을 튕겨서 동전이 멈춘 지점에 점을 찍습니다.

⑥ 동전을 2번 더 튕겨서 다시 동그라미 안으로 들어오면 찍은 점들을 이어서 자신의 가치 땅으로 만듭니다.

⑦ 동전을 3번 튕겨서 동그라미 안으로 들어오지 못한 경우, 다른 사람의 땅에 동전이 들어간 경우, 전지 밖으로 동전이 나가는 경우는 무효가 되며, 다음 순서의 학생이 **④~⑥**의 과정을 진행합니다.

⑧ 제한 시간 안에 가장 큰 가치 땅을 만든 사람이 승리합니다.

📝 TIP

💡 동전 대신 작은 지우개나 주사위 등을 사용해도 됩니다.

💡 놀이 진행 시 잘 지워지는 연필을 사용하게 하는 것이 좋습니다.

💡 체육 시간에 하고 싶은 운동 종목이나 친구들과 하고 싶은 놀이의 종류 등을 동그라미 안에 작성해도 좋습니다.

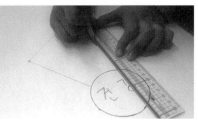
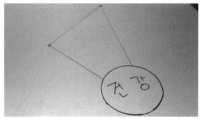

동전 퀴즈 맞히기

🪙 **준비물** 동전 퀴즈 맞히기 활동지, 동전 1개, 연필, 지우개

🐐 **활동 방법** 활동지 324쪽

❶ 학생들에게 '우리 반'과 관련한 문제를 한 사람당 한 문제씩 만들게 합니다.

❷ 교사는 학생들이 만든 문제들을 모아 문제지와 정답지를 만든 후, 학생들에게 문제지를 나누어 줍니다.

❸ 학생들은 2명씩 짝을 이루고 가위바위보를 해서 활동 순서를 정합니다.

❹ 이긴 학생은 동전을 동그라미 위에 놓고 손가락을 이용해 튕긴 후, 동전이 멈춘 칸에 적힌 문제를 읽고 답을 말합니다.

❺ 대답한 내용이 정답인 경우에는 해당 칸에 별이나 동그라미 등을 그려서 자신의 땅임을 표시합니다.

❻ 대답한 내용이 오답인 경우에는 상대편 학생에게 동전을 튕기는 기회가 넘어갑니다.

❼ 동전이 상대편 땅에 들어가거나 종이 밖으로 나가면 기회는 상대편 학생에게 넘어갑니다.

❽ 제한 시간(10분) 내에 더 많은 땅을 차지한 사람이 승리합니다.

✍️ **TIP**

💡 활동지에 있는 문제의 답은 교사가 안내합니다.

💡 동전이 칸과 칸 사이에 놓이게 되면 조금 더 가까운 쪽에 있는 문제를 선택하게 하고, 동전이 가운데 놓이면 다시 한번 동전을 튕길 기회를 주도록 합니다.

💡 동전 퀴즈 맞히기 문제는 수업 내용에 따라 달라질 수 있습니다.

무용담 나누기

선생님 한마디

가치 기억 카드에서 동전이 나오는 마술을 학생들에게 시연했습니다. 그런데 마술 도중 가치 기억 카드 뒤에 숨겨 놓았던 동전을 놓치는 실수를 했습니다. 실수에 대한 생각 때문에 부끄러움도 있었지만 미리 준비했던 한 해 동안의 우리 반 추억거리들을 이야기하면서 아이들과 저는 다시 수업에 집중할 수 있었습니다. 수업을 마치고 생각했습니다. 비록 마술은 실패했지만 학생들과 함께한 수업은 참 행복하고 즐거웠다고 말이죠.

학생들은 수업을 통해서 '가치'라는 개념을 좀 더 이해하고 경험하는 시간을 가졌습니다. 그와 더불어 즐거운 기억으로 남는 시간, 소중한 경험을 나누는 시간이었습니다. '소원의 동전 탑 쌓기', '가치 땅따먹기', '동전 퀴즈 맞히기' 등의 활동을 통해서 학생들과 함께 내가 소중하게 여기는 가치에 대해서 깊이 생각해 보고 그 가치를 실현하겠다는 의지를 다짐하는 기회를 가질 수 있어서 정말 좋았습니다. 선생님들도 이번 수업을 통해 아이들과 함께 따뜻하고 즐거운 시간을 만드시길 바랍니다.

아이들 활동 소감

채민) 카드에서 동전이 나오는 게 정말 신기했어요. 그리고 '소원의 동전 탑'을 쌓을 때는 동전 탑이 무너질까 봐 마음이 조마조마했어요. 소원이 꼭 이루어졌으면 좋겠어요.

여훈) '가치 땅따먹기' 놀이를 하면서 내가 정한 가치 땅의 크기가 커질 때마다 내 마음도 커지는 것 같아서 기분이 좋았어요.

노을) '동전 퀴즈 맞히기'를 하면서 올 한 해 했던 일들이 계속 떠올랐어요. 친구랑 같이 문제도 풀고 정말 재미있었습니다.

윤채) '가치'라는 말에 대해서 진지하게 생각해 봤어요. 나한테 가족, 친구, 선생님 등 소중한 사람들이 참 많다는 생각을 하게 된 시간이었어요.

추억 수업 고수 되기

"끝이 좋으면 다 좋다."라는 말이 있습니다. 좋은 시작을 위해 많은 노력을 기울였던 첫 만남처럼, 학생들과 한 해를 잘 마무리하는 것도 중요합니다. 1년 동안 우리 반에서 쌓은 다양한 추억들을 떠올리면서 이야기꽃을 피우고 아쉬움을 나누는 시간이 교사와 학생 모두에게 필요합니다.

좋은 마무리는 좋은 만남을 준비할 수 있게 해 줄 것입니다. 또 다른 시작과 새로운 만남을 준비하는 우리 모두를 위해 조금 더 특별하고 아름다운 끝맺음의 시간을 가져 보는 것은 어떨까요? 오랫동안 잊지 못할 시간으로 기억될 것입니다.

고수의 비법

신문지 변화 마술

뾰족뾰족하게 오린 신문지에 하트 모양 구멍이 생기는 마술

준비 난이도 🧱🧱🧱🧱🧱 기술 난이도 🧄🧄🧄🧄🧄

함께 하는 무림 활동

쏟아지는 추억 눈

우리 반의 추억이 적힌 종이 눈 뭉치로 눈싸움을 한 후, 추억을 정리해 보는 활동

미래에서 온 신문

미래의 나에게 일어날 일들로 신문을 만들고 미래에서 보낸 격려의 메시지를 받아 보는 활동

물레방아 회전 수다

1년을 돌아보며 다양한 주제로 대화를 나누고, 대화 내용을 글과 그림으로 정리하는 활동

신문지 변화 마술

1

접힌 신문지를 펼쳐 아무 이상이 없음을 보여 준 뒤, 신문지 가운데 부분을 뾰족뾰족한 모양으로 크게 오립니다.

중요한 사건들이 가득 담겨 있는 이 신문처럼, 그동안 우리 반에서는 어떤 일들이 있었는지 한번 떠올려 볼까요? 한 해 동안 힘든 일이 있었던 친구들도 있을 텐데요, 좋지 않은 기억의 한 조각을 선생님이 잘라 내겠습니다.

2

오린 조각을 펼치면 어떤 모양일지 학생들에게 물어본 뒤, 오려 낸 신문지 조각을 칠판 한쪽에 붙여 둡니다.

이 조각을 펼치면 어떤 모양일까요? 뾰족뾰족한 이 기억의 조각이 누구에게는 친구와 싸웠던 기억일 수도 있고, 몸이 아팠던 기억일 수도 있겠네요.

학생들이 셋을 세면 신문의 양 끝을 잡고 바깥으로 펼칩니다.

이번에는 우리 반 친구들과 함께 했던 일들 중에서 가장 행복했던 기억을 떠올려 보세요. 선생님은 지난 봄 함께 갔던 현장 체험 학습도 떠오르고 가을에 한 바자회 활동도 떠오르네요. 모두 다 떠올렸나요?

자, 이제 신문을 펼쳐 볼게요.

다 같이 하나, 둘, 셋!

오려 낸 부분이 하트로 바뀐 것을 보여 줍니다.

우리가 함께했던 즐거운 추억들 덕분에 뾰족뾰족했던 기억의 모양이 예쁜 하트 모양으로 변했어요.

5

신문지를 칠판에 붙인 뒤 하트 모양 가운데에 반 이름을 씁니다.

뾰족뾰족한 모습의 힘든 기억도 있었지만, 그동안 우리 반 친구들 모두가 힘든 것들을 이겨 내고 성장했기 때문에 그 시간들이 예쁜 추억의 모양으로 바뀔 수 있었던 거랍니다.

6

학생들의 행복한 추억이 적힌 하트 모양의 붙임쪽지를 신문지에 붙이게 합니다.

올 한 해 함께 지내면서 서로에게 고마웠던 일, 함께 해서 좋았던 일들을 하트 모양의 붙임쪽지에 써서 이 신문지에 붙여 볼까요?

이제 신문지가 우리 반 친구들의 행복한 추억으로 가득 채워졌어요. 우리 반 친구들과 함께했던 예쁜 추억들이 오래오래 기억되었으면 좋겠습니다.

🎛 준비물

하트 모양이 숨겨져 있는 신문지, 가위

🐝 도구 만들기

하트 모양이 숨겨져 있는 신문지를 만들기 위해서는 신문지 2장, 가위, 풀이 필요합니다.

신문지 2장을 사진과 같이 각각 4등분하여 접었다 폅니다.

3

 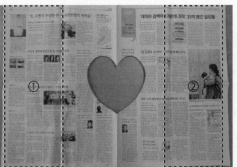

두 번째 신문지의 정가운데를 하트 모양으로 오리고, 첫 번째 신문지의 4등분된 부분 중 양 끝 면인 ①번, ②번 면(점선으로 된 부분)에 풀칠을 합니다.

4

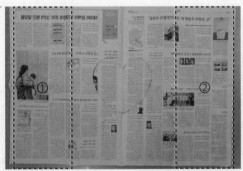 

두 번째 신문지(하트 모양 신문지)를 첫 번째 신문지 위에 겹쳐 놓은 후 ①번 면은 ①번 면끼리, ②번 면은 ②번 면끼리 서로 붙입니다. 그리고 가운데 풀칠하지 않은 면은 위에서 봤을 때 마름모(◇) 모양이 되게 접습니다.

5

①번 면, 하트 모양을 오린 면, ②번 면

풀칠한 ①번 면과 ②번 면 사이에 하트 모양을 오린 면이 오도록 세 면을 합쳐 놓습니다. 그러면 오른쪽 부분에 ①번 면과 하트 모양을 오린 면, 그리고 ②번 면이 함께 있게 됩니다.

✏️ 비법 풀이

1

하트 모양이
숨겨져 있는 부분

신문을 사진처럼 접어 놓은 상태에서, 하트 모양이 숨겨져 있지 않은 왼쪽 부분을 가위로 뾰족뾰족하게 오려 줍니다. 이때 하트 모양보다 더 크게 오립니다.

2

펼쳤을 때 학생들이 보는 앞면   펼쳤을 때의 뒷면

신문지를 펼치면 미리 오려 놓은 하트 모양이 보이게 됩니다.

📖 유의할 점

☑ 가위로 종이를 뾰족뾰족하게 오릴 때, 반드시 미리 오려 둔 하트 모양보다 더 크게 오려야 합니다.

☑ "어떤 모양으로 잘랐나요?", "펼치면 어떻게 될까요?" 등 학생에게 질문을 하고 상호 작용을 하면서 마술을 진행하면 좋습니다.

☑ 뒷면이 보이지 않도록 신문지를 최대한 몸에 가깝게 하여 펼칩니다.

☑ 신문지를 펼쳐 하트 모양을 보여 준 뒤, 곧바로 칠판에 붙이면 마술의 비밀을 들킬 위험을 줄일 수 있습니다.

🍪 영어 교과 활동: 건물의 층에 관한 표현을 배울 때 활용할 수 있습니다.

⋯ 'It's on the first floor.' 표현 익히기

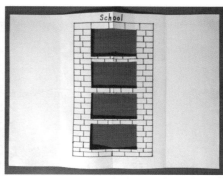

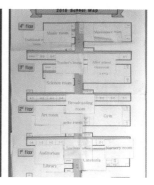

잘랐을 때   펼쳤을 때   교실 층 찾아 붙이기 활동

(1) 직사각형으로 오리기: "우리 학교 건물은 무슨 모양이죠? 밖에서 볼 때는 직사각형이죠. 선생님이 우리 학교를 한번 오려 볼게요."

(2) 변한 모양을 보며 1~4층 영어 표현 익히기: "이번에는 남은 종이를 펼쳐 우리 학교 안을 살펴볼까요? 우리 학교 안은 몇 층으로 이루어져 있나요?"

(3) 교실 층 찾아 붙이기: "오늘은 우리가 찾는 교실이 몇 층에 있는지를 영어로 어떻게 말하는지 공부할 거예요. 선생님이 말한 교실이 몇 층에 있는지 각 층에 붙인 후 말해 볼까요?"

🍪 다양한 교과 활동에 활용: 이 마술은 오린 모양과 다른 모양이 나와 여러 교과에서 다양하게 활용할 수 있습니다. 신문지에 특정 모양을 미리 오려 놓는 대신 그림(사진)을 붙여 놓으면, 오리고 난 뒤 펼쳤을 때 수업과 관련된 그림(사진)이 나오게 됩니다. 그리고 신문지뿐 아니라 색지를 이용할 수도 있습니다.

⋯ 우리 반 추억 방울(원 모양)을 자른 후 신문지를 펼쳤을 때 우리 반 단체 사진이 나오게 하기

⋯ 수학 도형 단원에서 직사각형으로 잘랐는데 신문지를 펼쳤을 때 오린 모양과 다른 도형(평행사변형, 마름모 등)이 나오게 하기

⋯ 수학 전개도 단원에서 직육면체를 앞에서 본 모양으로 잘랐는데 신문지를 펼쳤을 때 직육면체 전개도 모양이 나오게 하기

함께 하는 무림 활동

쏟아지는 추억 눈

● **준비물** 신문지, 매직펜

🐕 **활동 방법**

❶ 교사는 신문지를 8등분하여 자른 신문 조각들을 학생들에게 3장씩 나누어 줍니다.

❷ 학생들은 올해 우리 반에서 있었던 일 중 가장 기억에 남는 추억 3가지를 신문 조각에 씁니다.

❸ 교사는 반 전체를 4팀으로 나눈 후, 교실 가운데에 십자 모양으로 책상을 놓아 팀별 구역을 나눕니다.

❹ 학생들은 자신의 신문 조각을 구겨서 눈 뭉치처럼 만듭니다.

❺ 교사가 "추억 눈이 쏟아지기 시작합니다!"라고 외치면 학생들은 종이 눈 뭉치들을 서로 다른 팀 구역으로 던집니다. 우리 팀 구역으로 날아온 종이 눈 뭉치도 다른 팀 구역으로 던질 수 있습니다.

❻ 교사가 "추억 눈이 그쳤습니다!"라고 외치면 우리 팀 구역에 있는 종이 눈 뭉치의 개수를 셉니다. 종이 눈 뭉치가 제일 적게 남아 있는 팀이 승리합니다.

❼ 종이 눈 뭉치를 모두 편 후 종이에 써 있는 우리 반 추억들을 살펴봅니다. 어떤 추억이 가장 많은지 함께 정리하며 추억을 나눕니다.

💡 팀별 구역을 나눌 때 책상 대신 줄이나 마스킹 테이프를 이용해도 좋습니다.

💡 종이 눈 뭉치를 얼굴로 던지지 않도록 미리 주의 사항을 이야기합니다.

💡 종이 눈 뭉치에 적힌 추억을 정리할 때 신문 조각을 내용별로 나누어 칠판에 붙이면 시각적 효과를 높일 수 있습니다.

💡 모둠별로 자신이 신문 조각에 적은 추억이 무엇이며, 왜 그 추억이 기억에 남는지 이야기해 보게 하는 것도 좋습니다.

미래에서 온 신문

● **준비물** 색지, 리본 끈, 매직펜

🐂 활동 방법

❶ 교사는 신문 배달부가 되어 학생들에게 미래 신문 (색지)을 나누어 줍니다. 우리가 잠시 미래로 떠나 아직은 비어 있는 미래 신문에 기사 내용을 채워 볼 것이라고 이야기합니다.

❷ 학생들은 1년 뒤 가족, 친구, 건강, 공부, 취미 등의 여러 가지 면에서 희망하는 자신의 모습을 담아 신문 기사 형식으로 색지에 씁니다.

❸ 미래 신문을 다 작성한 학생은 차례로 나와, 지금의 나의 모습과 미래 신문 속의 나의 모습을 비교하며 얼마나 큰 차이가 느껴지는지 그 거리감만큼 교사 (기준)로부터 떨어져 섭니다.

❹ 학생이 리본 끈의 끝을 잡고 조금씩 풀면서 자신이 서고 싶은 위치에 멈추면 교사는 그 지점에서 리본 을 잘라 줍니다.

❺ 학생은 미래 신문 속의 자신이 되어, 리본 끈에 현재 의 나에게 보내고 싶은 격려의 메시지를 씁니다. 그 리고 그 리본 끈으로 미래 신문을 말아서 묶은 뒤 교 사에게 전달합니다.

❻ 교사는 신문 배달부가 되어 미래 신문을 학생들에 게 다시 나누어 줍니다.

❼ 학생들은 교사에게 받은 미래 신문을 찬찬히 읽습 니다.

❽ 미래의 나에게서 온 응원 메시지를 친구들 앞에서 발표합니다. 발표를 듣는 학생들은 잘 듣고 그 말을 똑같이 따라 하며 친구를 격려해 줍니다.

✎ TIP

💡 학생들이 1년 후 미래의 나의 모습을 신문 기사 형식으로 쓰기 어려워한다면 일기 형식으로 쓰게 해도 좋습니다.

💡 미래의 모습과 현재의 모습에 차이가 크다고 느끼면 기준으로부터 멀리 떨어져 긴 리본 끈을 가지게 되고, 차이가 작다고 느끼면 기준으로부터 가깝게 서서 짧은 리본 끈을 가지게 됨을 미리 설명합니다.

💡 격려의 메시지는 미래 신문 속의 모습과 가까워지기 위해 노력하는 지금의 나에게 해 주고 싶은 격려, 응원 등을 쓰도록 지도합니다.

💡 학생들이 쓴 미래 신문 기사들을 모아 학급 전체의 미래 신문을 만들어 보거나 문집에 실어 다 함께 공유해도 좋습니다.

  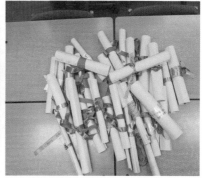

추억 수업 고수 되기

물레방아 회전 수다

🟤 **준비물** 모둠별 큰 종이, 사인펜

🐄 **활동 방법**

❶ 학생 4명을 한 모둠으로 구성한 후, 교사는 각 모둠원에게 1~4번의 번호를 정해 줍니다.

❷ 모둠별로 서로 다른 수다 주제를 정합니다.

❸ 1번부터 차례대로 모둠의 수다를 이끌어 나갈 모둠 대표인 '수다쟁이'가 됩니다. 수다쟁이는 친구들에게 왜 그렇게 생각하는지 이유를 묻는 등 질문을 통해 이야기를 이끌어 내기도 하고, 규칙을 지키며 편안하게 수다를 나눌 수 있도록 진행하는 역할을 맡습니다.

㉐ 1모둠 수다쟁이: 안녕하세요. 저는 이 수다방의 수다쟁이를 맡은 ○○○입니다. 우리 수다방의 수다 주제는 '평생 꼭 한 번은 가 보고 싶은 나라는?'입니다. 왜 그 나라에 가고 싶은지 이유까지 떠오른 친구는 손을 들어 발표해 주시기 바랍니다. 그리고 수다를 듣는 친구들은 친구의 말에 끝까지 귀 기울여 주세요.

모든 친구들의 의견을 잘 들었습니다. 지금부터 수다 판에 자신의 생각을 글과 그림으로 나타내보겠습니다. 수다 판을 꾸미며 친구들의 의견에 더 궁금한 것이 생기면 질문해 주세요.

❹ 모둠별로 수다를 나누며 나온 이야기들을 낱말이나 간단한 글, 또는 그림으로 정리합니다.

❺ 학생들은 정해진 수다 시간이 끝나면 동시에 "너의 이야기를 함께 나눠 줘서 고마워."라고 인사를 하고 헤어집니다. 그리고 다음 모둠으로 이동하여 새로운 수다 주제에 대해 이야기를 나눕니다.

❻ 다음 모둠으로 이동할 때, 교사가 "2번 수다쟁이 남아 주세요." 라고 하면, 나머지 1, 3, 4번만 다음 모둠으로 자리를 옮깁니다. 2번 친구는 그대로 남아 앞 모둠에서 옮겨 온 1, 3, 4번 친구들에게 수다 주제를 안내하며 수다쟁이 역할을 합니다.

[수다 주제 예시]

- 평생 꼭 한 번은 가 보고 싶은 나라: 그 나라를 선택한 이유를 이야기하며 수다 나누기
- 다음 학년 때 하고 싶은 일: 새 학년에 올라가면 왜 그 일을 해 보고 싶은지 수다 나누기
- 다시 한번 지금의 학년을 보낼 수 있다면: 이번 한 해를 보내며 가장 아쉽거나 후회되는 일 또는 시간을 되돌 릴 수 있다면 바꾸고 싶은 일에 대해 수다 나누기
- 1년 동안 친구들에게 고마웠던 일: 친구에게 고마웠던 일 또는 감동받았던 일에 대해 수다 나누기
- 1년 동안 가장 즐거웠던 추억: 한 해를 돌아보며 가장 기억에 남는 즐거운 추억에 대해 수다 나누기
- 봄 방학 때 하고 싶은 일: 새 학년으로 올라가기 전 봄 방학 동안에 하고 싶은 것에 대해 수다 나누기
- 우리 담임 선생님은 말이야: 우리 담임 선생님이 새로 맡게 될 후배들에게 우리 선생님에 대해 어떻게 소개 할지 수다 나누기
- 20년 후, ~한 ○○(이)가 되고 싶어요: 장래에 나는 어떠한 사람이 되고 싶은지에 대해 수다 나누기

추억 수업 고수 되기

무용담 나누기

선생님 한마디

　중요한 사건들이 가득 담겨 있는 신문처럼 우리 반 아이들도 마음속에 행복한 추억들을 가득 담아 놓고 오래 기억하기를 바랐습니다. '신문지 변화 마술'을 통해 잠시 잊고 있었던 첫 만남의 감정, 우리들이 함께 겪은 소소한 사건들을 미리 떠올려 보니, 문집을 만들 때는 학생들이 정말 신문 기자가 된 듯 추억 기사를 풍부하게 써 주었습니다.

　'쏟아지는 추억 눈' 활동은 눈이 내리지 않아도 교실 안에서 신문지로 눈싸움을 할 수 있어서 한껏 아이들이 신이 났습니다. 우리에게 추억이 되어 버린 여러 사건을 저마다 다시 꺼내 이야기하는 아이들을 보니 절로 미소가 지어졌습니다.

　'미래에서 온 신문' 활동을 통해서는 막연하게 상상했던 1년 뒤의 모습을 좀 더 구체적으로 생각해 볼 수 있었습니다. 마냥 행복할 것 같은 미래의 모습과 현재의 나의 모습이 얼마나 다른지 체감하고 스스로를 격려하는 활동을 하면서 학생들이 좀 더 활기차게 다음 학년을 준비하길 바랐습니다.

　다양한 주제들로 재잘재잘 이야기하는 '물레방아 회전 수다' 활동은 아이들뿐만 아니라 제게도 매우 즐거운 활동이었습니다. 내년에 우리 반이 될 아이들에게 선배들이 남겨 놓은 '우리 선생님은 말이야' 수다 판을 보여 주어도 좋겠다는 생각을 했습니다.

아이들 활동 소감

지아 　선생님이 신문을 펼치셨을 때 하트 모양이 나와 깜짝 놀랐어요. 친구들과의 추억이 소중하게 느껴졌고 추억들을 마음속 깊숙이 넣어 놓아 더 오랫동안 기억할 수 있을 것 같아요.

경민 　미래 신문을 쓰면서 즐거운 상상을 할 수 있어 좋았고 내가 쓴 것이 미래에 현실이 되었으면 좋겠다는 생각이 들었어요. 미래 신문에 쓴 내용처럼 되기 위해서 노력해야겠어요.

윤희 　회전 수다를 하니 추억들도 다시 떠오르고 친구들과 편하게 이야기 나눌 수 있어서 좋았어요. 그리고 마술을 통해 안 좋았던 기억이 좋은 기억으로 바뀌는 것 같은 느낌이 들었어요.

마지막 날 수업 고수 되기

종업식 혹은 졸업식은 한 학년이나 초등학교 생활을 마무리하는 시간입니다. "그동안 고마웠어.", "다시 또 만나자."와 같은 인사말을 주고받으며 함께했던 시간에 마침표를 찍습니다. 그런데 말로만 마지막 인사를 나누기에는 무언가 아쉽습니다. 석별의 정을 깊이 있게 나누고 싶은 마지막 날, 마술로 뜻깊은 추억을 만들어 보는 것은 어떨까요?

지난 1년의 시간을 돌아보고 앞으로 이루고 싶은 꿈을 편지지에 적어서 하늘로 날리는 순간은, 아이들은 물론 선생님에게도 특별한 추억이 될 것입니다.

고수의 비법

우유갑 분수 마술

학생들이 만든 우유갑 편지가 분수처럼 날아오르게 하는 마술

준비 난이도 기술 난이도

함께 하는 무림 활동

마술 전에 먼저
우유갑 편지 다섯 고개

우유갑 편지를 만든 후,
5가지 질문으로 우유갑 편지의
주인을 찾는 활동

추억 사진 찍기

친구들과 특별한 문구를 정해
사진을 찍는 활동

마지막 선물

의미를 담은 선물을 준비하여
친구들과 서로 주고받는 활동

우유갑 분수 마술

비법 시연

1

우유갑 편지들이 들어 있는 상자를 들고 학생들에게 이야기를 들려 줍니다.

상자 안에 여러분이 만든 우유갑 편지가 있습니다. 우유갑 편지에는 우리의 꿈과 친구들에게 전하고 싶은 마음이 적혀 있습니다. 이제 친구들에게 하고 싶은 말이나 우리가 새롭게 만들어 나갈 아름다운 미래를 마음속으로 상상해 보세요.

2

신호와 함께 상자를 열어 우유갑 편지를 분수처럼 날립니다.

우리의 꿈과 우정이 날아오르길 바라며 하나, 둘, 셋을 외쳐 봅시다.

우유갑 편지가 분수처럼 날아오르듯 여러분의 꿈도 더 큰 세상으로 힘차게 나아가길 바랍니다. 비록 같은 반에서 만나는 것은 오늘이 마지막이지만, 마음으로 항상 여러분을 응원하겠습니다.

⊚ 준비물

우유갑 분수 상자(우유갑 편지가 들어 있는 상
자)

♣ 도구 만들기

1

우유갑 분수 상자를 만들기 위해서는 학생들
이 편지를 쓸 종이, 꾸미기 종이(세로 11cm,
가로 7cm), 200ml 우유갑, 고무줄, 가위, 칼,
상자(높이 11cm 이하, 가로세로 15cm 정도
크기)가 필요합니다.

2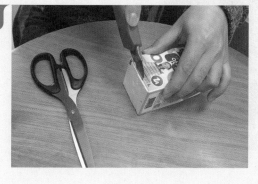

우유갑을 깨끗하게 씻어 말린 후 우유갑의
밑면을 칼로 잘라 냅니다. 칼을 사용하는 작
업은 반드시 교사가 해 줍니다.

우유갑의 아랫부분을 7cm 정도 남겨 놓고 윗부분(접어서 밀봉할 수 있도록 되어 있는 부분)을 잘라 냅니다.

우유갑을 납작하게 접어서 앞뒷면에 편지를 붙인 후, 가운데 부분의 위쪽과 아래쪽을 0.5cm 정도 가위로 잘라 가위집을 냅니다.

가위집을 낸 부분 양쪽에 고무줄을 끼웁니다.

6

우유갑 편지 양쪽을 사진처럼 잡고 우유갑 편지가 완전히 접히도록 눌러 줍니다.

7

눌린 우유갑 편지를 상자에 넣습니다. 이때 상자 안에 우유갑 편지들이 잘 쌓이도록 해 줍니다.
우유갑 편지가 충분히 쌓이면 상자의 뚜껑을 닫고 열리지 않게 고정합니다.

🎯 비법 풀이

1

우유갑 편지 양쪽을 사진처럼 잡고 눌러 줍니다.

2 고무줄이 늘어난 상태로 잡아 준 우유갑 편지를 상자에 넣습니다. 이때 고무줄은 늘어난 상태로 가위집 난 부분에 끼워져 있기 때문에 탄성이 강해진 상태입니다.

3 상자 안의 맨 위까지 올라올 정도로 우유갑 편지를 넣은 후 손으로 눌러 주며 상자의 뚜껑을 닫습니다.

4 상자의 뚜껑을 열면 늘어나 있던 고무줄이 원래 길이로 돌아가려는 탄성에 의해 우유갑 편지가 분수처럼 높이 튀어 오르게 됩니다.

📖 유의할 점

- ☑ 이 마술은 학생들이 마술 도구인 우유갑 편지를 직접 만들기 때문에 스토리텔링이 매우 중요합니다. 마술을 할 때 분위기를 잘 형성해야 학생들에게 신기함과 감동을 전할 수 있습니다.
- ☑ 우유갑 분수는 고무줄을 1개 사용해서 만들어야 합니다. 우유갑에 고무줄을 2개 이상 끼울 시 우유갑이 망가질 수 있습니다.
- ☑ 마술 시연 후 우유갑 편지가 바닥에 떨어졌을 때 학생들이 우유갑을 주워서 주인을 찾아 주는 활동을 진행해도 좋습니다. 주인에게 우유갑 편지를 전달할 때는 악수를 하며 마지막 인사를 하게 합니다.
- ☑ 교사의 마술 시연 후 아이들이 직접 마지막 멘트와 함께 우유갑 분수를 날리도록 하는 것도 좋습니다.

- 🍬 다양한 교과 활동: 우유갑에 적는 문구를 달리하여 다양한 교과 수업에 활용할 수 있습니다.
- ⋯ 과학 수업: 탄성에 관한 수업 시 동기 유발로 활용할 수 있으며, 탄성을 활용한 놀이 또는 경쟁 활동도 가능합니다. 예를 들어 가장 높이 우유갑을 날아오르게 하거나 일정 높이 이상 우유갑을 날아오르게 만드는 등의 경쟁 활동이 가능합니다.
- ⋯ 수학 수업: 다양한 숫자와 사칙 연산 기호(+, -, ×, ÷)를 우유갑에 붙인 후, 바닥에 떨어진 우유갑으로 식을 만들어 보는 활동을 할 수 있습니다.

마술 전에 먼저 **우유갑 편지 다섯 고개**

🎯 **준비물** 윗부분을 자른 우유갑, 색종이, 필기도구, 가위, 풀

🐂 **활동 방법**

① 200ml 우유갑의 아랫부분과 윗부분을 자른 후 눌러 납작하게 만듭니다.

② 색종이를 우유갑 크기(가로 70cm, 세로 11cm)로 2장 준비합니다.

③ 색종이 1장에는 자신의 꿈을, 다른 1장에는 친구들에게 전하는 편지를 씁니다.

④ 색종이 편지지를 우유갑의 양면에 붙입니다.

⑤ 교사는 학생들의 우유갑 편지를 모은 후, 잘 섞어서 학생들에게 다시 1개씩 나누어 줍니다.

⑥ 학생들이 1명씩 나와서 자신이 들고 있는 우유갑 편지의 양면을 읽습니다.

⑦ 나머지 학생들은 5가지의 질문을 던지고, 발표하는 학생은 "예." 또는 "아니요."로만 대답을 하여 편지의 주인을 찾습니다. 우유갑 편지의 주인을 못 찾을 경우에는 교사가 주인을 찾아 줍니다.

📝 **TIP**

💡 '우유갑 분수 마술'을 위한 고무줄을 끼우는 작업은 하지 않습니다. 이번 활동은 우유갑 편지를 만드는 데 집중하도록 지도합니다.

💡 우유갑 편지의 맨 처음 또는 마지막에 자신의 이름을 쓰게 합니다.

함께 하는 무림 활동

추억 사진 찍기

🍯 **준비물** 카메라, 우드락 또는 빈 종이

🐂 **활동 방법**

❶ 모둠별로 충분한 논의를 통해 의미 있는 문장이나 문구를 만든 후, 문장(문구)과 어울리는 포즈를 생각해 봅니다.

❷ 학생들은 빈 종이나 우드락을 들고 미리 생각해 둔 포즈로 사진을 찍습니다.

❸ 교사는 파워포인트로 사진 속 빈 종이에 학생들이 선정한 문장을 넣어 사진을 완성합니다.

📝 **TIP**

💡 활동 전날 학생들에게 인상 깊은 격언이나 명언, 좋아하는 영화나 만화 대사 등을 미리 생각해 오라고 합니다. '오랫동안 꿈을 그리는 사람은 그 꿈을 닮아간다.'와 같은 문장을 예로 제시해 주면 좋습니다.

💡 빈 종이나 우드락을 들고 사진을 찍을 것을 염두에 두고 포즈를 생각하도록 지도합니다.

💡 사진을 인화해서 주거나 학급 홈페이지 등에 올려 여러 사람과 공유해도 좋습니다.

💡 파워포인트로 문구를 넣는 방법

  - 사진을 파워포인트로 불러옵니다.

  - 하얀 부분에 텍스트 상자를 넣어 학생들이 준비한 문구를 넣습니다.

💡 파워포인트로 작업한 사진 저장하는 방법

  - 파워포인트 내에서 저장: 문구 작업을 마친 후에 '다른 이름으로 저장하기'를 실행합니다. 그리고 파일 형식에서 JPG나 PNG 파일로 저장하면 사진 파일로 저장이 됩니다.

  - 그림판 사용: 'PRINT SCREEN' 버튼을 눌러 화면을 캡쳐한 후 그림판에서 'CTRL+V' 버튼을 눌러 캡쳐된 화면을 가져옵니다. 그 후 저장하고 싶은 영역을 사각형 모양으로 선택한 다음 마우스 오른쪽 버튼을 눌러 '자르기'를 선택하면 사진이 저장됩니다.

마지막 선물

**함께 하는
무림 활동**

🏵 **준비물** 친구에게 주고 싶은 선물, 붙임쪽지

🐾 **활동 방법**

❶ 학생들은 친구에게 선물하고 싶은 물건을 미리 준비해서 포장해 옵니다.

❷ 교사는 붙임쪽지에 번호를 적어 학생들이 가져온 선물에 붙여 놓습니다.

❸ 학생들은 각자 준비한 선물을 들고 둥글게 앉습니다.

❹ 교사가 음악을 틀어 주면 학생들은 들고 있던 선물을 시계 방향으로 옆자리 학생에게 전달합니다. 이 행동은 음악이 멈출 때까지 반복합니다.

❺ 음악이 멈추면 교사의 지시에 따라 선물을 바꿉니다.
　㉠ 2번과 6번은 선물을 교환하세요. / 안경 쓴 학생들끼리 선물을 교환하세요.

❻ 음악에 맞춰 선물을 옆으로 전달하고 교사의 지시에 따라 교환하는 활동을 여러 번 반복합니다.

❼ 학생들은 마지막에 자신의 손에 있는 선물이 무엇일지 추측한 후 포장을 풀어 확인합니다.

❽ 해당 선물을 준비한 학생은 자리에서 일어나 그 선물을 준비한 이유를 말하고 인사를 나눕니다.

📣 **TIP**

💡 집에서 가져오는 선물은 의미를 담은 것으로 준비할 수 있도록 안내합니다.
　㉠ 휴지: 앞으로 하는 일이 술술 풀리라는 의미 / 사탕: 항상 달콤하고 즐거운 일만 있으라는 의미 / 장갑 또는 손난로: 언제나 따뜻한 친구가 되어 달라는 의미 / 양말: 양말처럼 언제나 떨어지지 말자는 의미 등

💡 물건을 사야 한다면 가격에 제한을 두도록 하며 학부모님께 미리 안내합니다.

무용담 나누기

선생님 한마디

학생들의 다양한 꿈을 인상적으로 표현하고 싶어서 시작한 마술 수업입니다. 학생들이 자신의 꿈을 다양한 방식으로 표현해 보는 활동은 많은 수업에서 이루어집니다. 거기에 더해 꿈이 날아오르는 모습을 시각적으로 형상화하여 학생들에게 깊은 울림을 주고 싶었습니다. 그리고 지금 우리가 성실하게 내딛는 한 발 한 발이 꿈으로 이어지는 길의 한 부분임을 일깨워 주고 싶었습니다.

처음 이 마술을 하게 된 것은 갑자기 전학을 가게 된 학생에게 특별한 선물을 해 주고 싶어서였습니다. 반 학생들과 함께 우유갑 편지를 쓰고 상자에 넣은 후 전학을 가게 된 학생에게 열어 보게 했습니다. 멋진 연출이 가능한 마술이어서 보는 것만으로도 큰 감동을 주었고 편지를 읽은 학생은 결국 눈물을 보였습니다.

저는 이렇게 종종 수업에 마술을 활용합니다. 마술 자체가 주는 재미와 감동도 크지만 그 안에 어떤 이야기를 담느냐에 따라 효과가 달라지기 때문입니다. 기억에 남는 학기말 수업을 학생들에게 선물하고 싶을 때, 지난 시간에 대한 감상과 앞으로 이루고 싶은 꿈을 편지로 적어 다 함께 하늘로 날려 보시길 추천합니다.

아이들 활동 소감

성준 우리들이 만든 편지가 예쁘게 날아오르는 모습을 보니 저도 앞으로 훨훨 날아갈 수 있을 것 같은 기분이 들었어요.

도훈 저의 꿈을 다른 친구들이 읽고 찾아 주니까 마치 내 꿈을 다른 사람과 함께 만들어 가는 듯한 느낌이 들어서 즐거웠어요.

수민 1년을 돌아보며 친구에게 편지를 쓰려니 기분이 묘했어요. 그리고 그 편지들이 날아오르는 모습을 보니까 즐거웠어요.

다빈 친구에게 어떤 선물을 하면 좋을까 고민하다가 직접 만든 책갈피를 선물했어요. 친구가 잘 사용해 주면 좋겠어요.

2부
특별한 무림 고수 되기

공개 수업 고수 되기

교사들은 때때로 공개 수업을 통해 자신의 열정을 동료 교사나 학부모에게 보여 주기도 합니다. 그때 학생들을 좀 더 수업에 집중하게 하는, 적극적으로 참여하게 하는 수업 노하우가 있다면 얼마나 좋을까요?

공개 대상과 수업 내용이 달라도 공개 수업에서 공통되게 활용할 수 있는 다양한 활동들이 있습니다. 앞으로 소개하는 마술과 활동 들이 걱정과 부담이 아니라 설렘과 기대가 가득한 공개 수업을 만드는 데 도움을 줄 것입니다. '종이 지갑 마술'과 함께 나만의 특색 있는 수업을 만들어 공개 수업의 고수가 되어 보세요.

고수의 비법

종이 지갑 마술

빈 봉투에서 공부할 문제가 나오는 마술

준비 난이도   기술 난이도

함께 하는 무림 활동

미션 역할극

2가지 역할 놀이를 보고 달라진 점을 찾는 활동

땅따먹기 말판 놀이

땅따먹기 말판을 활용하여 짝과 함께 배운 내용을 확인하는 활동

모둠 의견 나눔지

모둠 의견을 하나의 종이에 써서 다양한 의견을 공유하는 활동

직선 토론

찬성과 반대가 한눈에 나타나는 참여형 토론 활동

고수의 비법

종이 지갑 마술

비법 시연

1

'예절 나라'라고 쓰인 종이 지갑 겉면을 보여 줍니다. 그리고 종이 지갑을 뒤집어 안을 열고 노란 속지 안에 아무것도 적혀 있지 않음을 확인시킵니다.

예절 나라에 오신 여러분을 환영합니다. 오늘 공부할 문제에 대한 힌트를 얻기 위해 예절 나라 안을 살펴볼까요? 이런, 예절 나라 안에는 아무것도 들어 있지 않네요.

2

노란 속지를 접고 위로 올린 후, 다시 빨간 겉봉투와 함께 접습니다.

오늘 공부할 문제의 핵심 낱말을 알기 위해서는 열심히 공부하겠다는 여러분의 의지와 마음이 필요합니다.

3 종이 지갑을 다시 열면 아무것도 없던 속
지 안에서 오늘 공부할 문제의 핵심 낱말
이 나타납니다.

열심히 공부하겠다는 의지를 담아 다 함께 하나, 둘, 셋을 외쳐 볼까요? 짜잔! 종
이 지갑 속에서 오늘 공부할 문제의 핵심 낱말인 '인터넷 예절'이 나왔습니다.

4 핵심 낱말을 꺼내 보여 줍니다.

오늘은 건전한 사이버 세상을 만들기 위해 지켜야 할 인터넷 예절에 대해 알아
보도록 하겠습니다.

5 칠판에 핵심 낱말을 붙이고 오늘 공부할
문제를 다시 한번 확인합니다.

단원.   2. 함께하는 인터넷 세상

공부할 문제 : 지켜야 할 **인터넷 예절**을 알고 실천해 봅시다.

오늘 공부할 문제를 함께 읽어 볼까요?

🪙 준비물

오늘 공부할 문제의 핵심 낱말이 들어 있는 마술 종이 지갑

🐝 도구 만들기

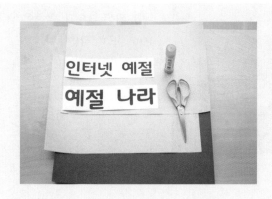

마술 종이 지갑을 만들기 위해서는 같은 색의 8절 색지 2장, 다른 색의 8절 색지 1장, 풀, 가위, 오늘 공부할 문제의 핵심 낱말, 종이 지갑의 이름이 필요합니다.

• 속지 만들기

1

같은 색의 8절 색지 2장을 준비합니다.

2

같은 색의 색지 2장을 3등분하여 접습니다.

3

속지는 겉봉투보다 작아야 하므로 접은 상태에서 짧은 부분과, 펼쳤을 때 위아래 부분을 1cm 정도씩 자릅니다.

4

풀칠하는 부분

3등분한 면 중 가운데 부분을 서로 붙입니다.

가운데 부분이 붙은 속지를 한자 工(장인 공) 자 모양이 되도록 양쪽 방향으로 접습니다.

6

핵심 낱말을 속지 안에 들어갈 정도의 크기로 인쇄한 뒤 한쪽 속지 가운데 부분에 풀로 살짝 붙입니다.

• 종이 지갑 만들기

1

속지와 다른 색으로 8절 색지 1장을 준비합니다.

2 색지를 3등분해서 접습니다.

3 핵심 낱말의 상하가 바뀌도록 속지를 놓은 후 위아래 면을 안쪽으로 접습니다. 그리고 좌우를 뒤집어 핵심 낱말이 보이지 않는 면이 앞으로 향하게 하여 겉봉투 안에 넣습니다.

4 속지와 겉봉투를 접고, 종이 지갑 겉면에 이름을 적습니다.

예절 나라

1

이 마술은 양면으로 된 속지 중 겉으로 보이는 속지 뒤쪽에 미리 숨겨 둔 핵심 낱말이 나타나게
하는 마술입니다.

2

처음에는 속지 안에 아무것도 없다는 것을
보여 줍니다. 이때 핵심 낱말은 상하가 뒤집
힌 상태로 속지 뒷면에 숨겨져 있습니다.

3

속지 아랫면을 위로 접고 윗면을 아래로 접
습니다. 그리고 접은 속지를 사진처럼 겉봉
투의 가장 윗부분으로 올립니다.

4 종이 지갑을 접을 때에는 겉봉투와 속지를 같이 잡고 윗면을 아래로 접은 후 다시 아랫면을 위로 접습니다.

인터넷 예절

5 겉봉투를 펼친 후 속지를 펼칩니다. 이때 속지가 뒤집어지면서 미리 숨겨 놓았던 핵심 낱말이 나타나게 됩니다.

📖 유의할 점

☑ 핵심 낱말이 비칠 수 있으므로 속지를 만들 때는 얇은 색지보다 적당히 두꺼운 색지가 좋습니다.

☑ 속지를 만들고 난 뒤 무거운 물체를 이용해 장시간 눌러 주면 하나의 속지처럼 보이게 하는 효과를 얻을 수 있습니다.

☑ 수업과 관련된 주제로 종이 지갑의 이름을 적으면 좋습니다.
　　예 '아시아'(세계 지리 관련), '예절 나라'(도덕 공공 예절 관련), '곱셈 나라'(수학 관련) 등

☑ 속지를 뒤바꾸는 동작을 할 때, 마술의 비밀이 드러나지 않도록 자연스러운 대사로 학생들의 시선을 분산시키는 것이 좋습니다.

🍪 이 마술은 3가지 현상을 이용하여 다음과 같이 수업에 응용할 수 있습니다.

1. 나타나기

⋯→ 학습 주제와 관련된 핵심 낱말이 나타나게 할 수 있습니다.

2. 사라지기

⋯→ 욕설이나 나쁜 습관 등이 적힌 종이를 사라지게 할 수 있습니다.

3. 바꾸기 또는 변화하기

⋯→ 종이 지갑 겉면에 '언어 지킴이'라는 이름을 적습니다. 속지에는 미리 '웃는 얼굴 표정'이 그려진 종이를 넣어 둡니다. 그런 다음 '바른 말'이라고 적힌 종이를 종이 지갑에 넣고 마술을 하면 '바른 말'이 적힌 종이가 '웃는 얼굴 표정'이 그려진 종이로 바뀌어 나타납니다.

⋯→ '나 전달법'은 솔직한 자기 의사 표현 방법이자 상대방이 나를 명확하게 이해하게 하는 대화법입니다. 종이 지갑 겉면에 '나 전달법'이라는 이름을 적습니다. 속지에는 미리 '네가 자주 게임을 하는 걸 보니 나는 걱정되고 염려스럽단다.' 같은 '나 전달법'이 적용된 문장이 적힌 종이를 넣어 둡니다. 그런 다음 '너 요즘 게임을 왜 그렇게 많이 하니?' 같은 '너 전달법' 문장이 적힌 종이를 종이 지갑에 넣고 마술을 하면 '나 전달법' 문장이 나타납니다.

⋯→ 산성, 염기성 물질에 따라 리트머스 종이 색깔이 변함을 설명할 때 활용할 수 있습니다.

⋯→ 광합성에 따른 식물 잎의 변화를 보여 줄 때 활용할 수 있습니다.

미션 역할극

함께 하는 무림 활동

🌐 **준비물** 미션 쪽지(모둠 수만큼 준비), A4 라벨지(학급 인원 수만큼 준비), 다양한 모양의 붙임쪽지, 다짐 판,
　　　　　신문지, 우산

🐂 **활동 방법**

❶ 학교 행사에서 지켜야 할 예절과 관련된 상황이 적
힌 미션 쪽지를 모둠별로 하나씩 뽑습니다. 이때 미
션 쪽지는 모둠 수만큼 교사가 미리 준비합니다.

❷ 학생들은 미션 상황과 관련해 역할을 정하고, 자신
의 역할을 A4 라벨지에 적어 가슴에 붙입니다.

❸ 미션 쪽지에 따라 역할극을 준비합니다.

❹ 모둠별로 돌아가며 역할극을 하고, 나머지 학생들
은 역할극을 보고 어떤 상황인지, 어떤 예절을 지켜
야 하는지 이야기합니다. 교사는 학생들의 발표를

듣고 최종적으로 어떤 상황인지, 그때 지켜야 할 예
절은 무엇인지 정리해 줍니다.

❺ 모든 모둠의 발표가 끝나면 역할극에 나타난 상황
중 자신이 지킬 수 있는 예절 1가지를 골라 붙임쪽
지에 적습니다.

❻ 1명씩 붙임쪽지에 적은 내용을 발표하고 붙임쪽지
를 '나의 다짐 판'에 붙입니다.

❼ 자신이 버려야 할 행동 1가지는 신문지에 적습니다.

❽ 1명씩 신문지에 적은 내용을 발표하고 신문지를 구
겨서 '쓰레기통 우산'에 버립니다.

📖 **TIP**

💡 미션 쪽지에는 학교 행사를 할 때의 바른 행동 혹은 잘못된 행동을 적습니다. 이때 내용을 구체적으로 적어야 모둠
별 역할극을 보고 나머지 학생들이 해당 상황을 맞힐 수 있습니다.

💡 역할극을 준비하는 시간은 역할 정하기, 연습하기를 포함하여 10분 정도가 적당합니다.

💡 학생들이 잘못된 행동이 적힌 신문지를 우산에 버리면서 교정 의지를 다지도록 지도합니다. 이때 투명 우산을 사
용하면 버려진 신문지 뭉치가 잘 보여 학생들이 의지를 다지는 데 도움이 될뿐더러 전시 효과도 있어서 좋습니다.

💡 '나의 다짐'을 학급 게시판에 게시하여 학생들이 다짐을 공언하고 내면화할 수 있도록 지도합니다.

💡 이 활동은 다양한 교과에서 활용할 수 있습니다.
　　- 사회: 역할극 속 다양한 시대 생활 모습(구석기, 신석기, 청동기)을 구별하고 주제에 맞지 않은 장면 찾기
　　- 국어: 역할극에서 높임 표현을 바르게 사용한 장면을 찾고 높임 표현을 바르게 사용하는 태도 기르기

[학교 행사 예시 상황(미션 쪽지 내용)]

- 체육 대회 ①: 지금은 공굴리기 경기 중. 우리 팀이 이겼으면 좋겠다. 저기 보이는 주황색 콘까지 갔다 돌아와야 하는데 아무도 보지 않는 것 같다. 그냥 대충 하는 척하고 빨리 와야지.

- 체육 대회 ②: 우리 백 팀이 이겼으면 좋겠다. 그런데 계주에서 우리 반 친구가 넘어지고 말았다. 다시 일어나 끝까지 달리긴 했지만 결국 우리 팀은 지고 말았다. 나는 그 친구에게 너 때문에 졌다고 화를 냈다.

- 현장 체험 학습 ①: 기다리고 기다리던 점심시간이다. 나는 맛있는 김밥과 치킨을 가져왔다. 친구가 내 도시락을 빼앗아 먹을까 봐 몰래 먹었다. 또 친구가 자꾸 물을 달라고 해서 짜증이 났다. 나도 물이 조금밖에 없는데. 친구 몰래 얼른 나 혼자 마셔 버렸다. 도시락을 먹고 난 후 구석에 쓰레기를 버렸다.

- 현장 체험 학습 ②: 체험 학습 날, 동물원에 갔다. 동물들이 신기했다. 저기 멀리 보이는 타조도 궁금했다. 그때 마침 선생님께서 모이라고 외치셨다. 나는 타조가 보고 싶었지만 꾹 참고 선생님 말씀에 따라 다시 자리로 돌아왔다.

- 전시회: 전시회 그림들이 신기해 보였다. 만지고 싶었지만 작가가 열심히 만든 작품을 망가뜨릴까 봐 참았다. 차례차례 질서를 지키며 눈으로만 감상하였다.

- 학예회: 나의 끼를 펼치는 날. 우리 반 친구가 피아노 실력을 뽐내며 연주하였다. 중간에 약간 지루하기도 했지만 친구의 연주를 끝까지 집중하여 감상했다. 친구의 공연이 끝난 후 힘찬 박수를 보내 주었다.

공개 수업 고수 되기

땅따먹기 말판 놀이

🪆 **준비물** A4 용지, 필기도구, 스펀지 주사위(학생 2명당 1개)

🐐 **활동 방법** 활동지 325쪽

[땅따먹기 만들기]

① A4 용지에 땅따먹기 말판 틀을 그립니다.

② 틀 가운데에 오늘의 학습 주제를 적습니다.

③ 학습 내용 중에서 중요한 내용을 문제로 만들어 매 칸마다 적습니다. 문제는 ○× 퀴즈, 빈칸 채우기, 초성 퀴즈, 단답식 문항 등 다양한 형태로 낼 수 있습니다.

[땅따먹기 말판 놀이 하기]

① 2명이 짝을 지어 활동합니다.

② 주사위를 던져서 나온 숫자만큼 자신의 말을 이동하는 방식으로 진행합니다. 이때 말은 이동한 곳의 미션 문제를 해결해야 움직일 수 있습니다. 문제를 해결하지 못하면 원래 자리로 돌아갑니다.

③ 먼저 출발 칸으로 되돌아오는 사람이 승리합니다.

출발 →	댓글을 쓸 때 는 내 댓글에 (ㅊㅇ)지는 자세가 필요 합니다.	인터넷에서 지켜야 할 예 절을 무엇이 라고 할까요? ○○○	컴퓨터에 의 하여 만들어 진 또 하나의 공간, 네트워 크로 연결된 통신망에 존 재하는 공간 을 무엇이라 고 할까요?	뒤로 2칸	인터넷 예절: 상대방에게 항상 (ㅈㄷ ㅁ)을 사용합 니다.	홈페이지의 순우리말은?	학급 게시판 에서 칭찬 나 누기 활동을 할 때 주의해 야 할 점 1가 지 말하기	처음으로	만든 사람이 자신의 창작 물에 대하여 가지는 고유 한 권리는? ○○○
인터넷, 스마 트폰 바르게 사용하기 위 한 나만의 방 법 1가지 말 하기									앞으로 3칸
처음으로		**함께 지키는 인터넷 예절**							O, X로 표시 전해 들은 친 구의 안 좋은 소식을 게시 판에 얼른 남 깁니다.
O, X로 표시 컴퓨터 게임 이 재미있어 밤새 게임을 했다.		**게임 방법** ① 가위바위보를 하여 누가 먼저 할지 순서를 정한다. ② 주사위를 던져 나온 숫자만큼 자신의 말을 이동! ③ 문제를 해결하면 통과, 틀리면 원래 자리로!							뒤로 3칸
O, X로 표시 영화나 음악 을 인터넷에 서 무료로 다 운받습니다.	짝과 가위바위보해서 이긴 사람은 통과, 진 사람은 뒤로 2칸	다음 댓글을 좋은 댓글 로 바꿔 주세요. → 이게 뭐냐? 발로 만 들었나?	앞으로 2칸		좋은 댓글은 ○○, 나 쁜 댓글은 ○○이라고 합니다.		O, X로 표시 인터넷을 사용하면서 친구에게 전해 들은 정 보를 게시판에 올립니다.		O, X로 표시 인터넷 세계 도 현실과 같 이 예절이 필 요합니다.

5학년 도덕 교과 활동

✅ TIP

- 💡 땅따먹기 활동을 하기 전에 미리 땅따먹기 말판을 사진으로 보여 주며 활동 방법을 알려 주고, 활동이 끝난 후에 같이 문제를 해결하며 답을 확인하면 좋습니다.

- 💡 말판 중간에 재미있는 미션 요소를 적게 하면 학생들이 좀 더 즐겁게 활동에 참여할 수 있습니다.

- 💡 책상에서 굴려도 소음을 유발하지 않는 스펀지 주사위를 사용하는 것이 좋습니다.

- 💡 주사위가 없다면 가위바위보를 하여 말을 움직일 수 있습니다. 예컨대 가위로 이기면 1칸, 주먹으로 이기면 2칸, 보로 이기면 3칸을 움직일 수 있습니다.

- 💡 문제의 답을 모르는 경우에는 말을 움직일 수 없습니다.

- 💡 내가 모르는 문제를 짝이 풀고 나에게 푸는 방법을 알려 줘서 내가 맞힐 경우 나의 말은 주사위 눈만큼 앞으로 가고 짝은 주사위를 연속으로 2번 던질 수 있습니다.

- 💡 반 전체 학생이 다 함께 제한된 시간 내에 땅따먹기 말판 놀이를 할 수도 있습니다.
  - 이때에는 미션 시간으로 10분을 주고 10분 안에 반 전체 학생이 땅따먹기 활동을 마치면 성공입니다.

- 💡 이 활동은 다양한 수업에서 배운 내용을 확인할 때 활용할 수 있습니다.
  - 삼국 시대에 대해 배운 내용 정리하기
  - 덧셈과 뺄셈에 대해 이해한 내용 확인하기
  - 지켜야 하는 인터넷 예절을 알아보고 인터넷 예절을 지키는 마음 다지기

공개 수업 고수 되기

모둠 의견 나눔지

● **준비물** A3 용지(모둠당 1장 준비), 사인펜

🐃 **활동 방법**

[의견 나눔지 만들기]

❶ A3 용지를 가로 방향으로 반 접습니다.

❷ 접힌 종이를 다시 한번 가로 방향으로 반 접습니다.

❸ 접힌 종이의 가운데 막힌 부분을 삼각형 모양으로 접습니다. (종이 짧은 쪽의 3분의 1 정도)

❹ 다시 3분의 1 정도를 올려 접습니다.

❺ 한 번 더 3분의 1 정도를 올려 접습니다.

❻ 접은 종이를 펴면 모둠 의견 나눔지가 완성이 됩니다.

[의견 나누기]

❶ 학생마다 다른 색의 사인펜을 준비합니다. 다른 색 사인펜을 사용하면 누가 작성했는지 쉽게 알 수 있어 학생들이 골고루 활동에 참여하게 하는 데 도움이 됩니다.

❷ 활동 전에 교사가 4개의 영역으로 나누어진 모둠 의견 나눔지에 대해 설명합니다. (① 대주제, ② 소주제, ③ 해결 방법이나 생각, ④ 보충 및 질문)

❸ 학생들이 동시에 모둠 의견 나눔지를 작성합니다. 다른 학생이 적은 내용에 대해 보충하거나 질문하며 의견을 공유할 수 있습니다.

❹ 다 적은 모둠 의견 나눔지를 칠판에 붙인 후 공통된 내용이 무엇인지 함께 정리합니다.

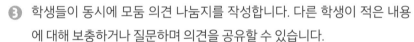

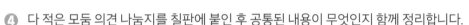

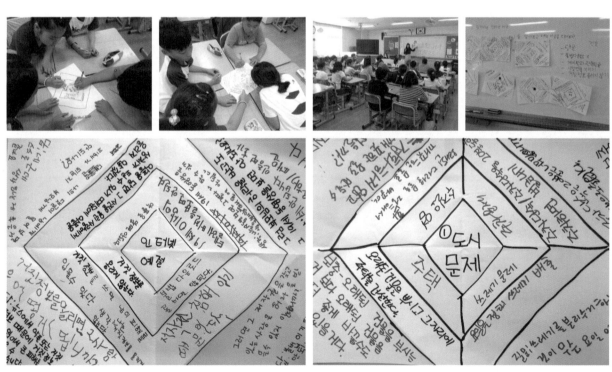

4학년 도덕 교과 활동　　　　　　　　　　　　4학년 사회 교과 활동

🖊 TIP

💡 모둠 의견 나눔지에 의견을 적기 전에 교사가 임의로 4가지 색 사인펜을 모둠별로 나누어 주면 가독성이 떨어지는 색으로 적거나 사인펜을 고르는 데 시간이 걸리는 등의 문제를 해소할 수 있습니다.

💡 4명 기준으로 구성한 활동지이기 때문에 모둠원의 숫자는 4명을 넘지 않는 것이 좋으나, 넘는 경우 중간에 선을 더 그어 진행할 수 있습니다.

💡 저학년의 경우 모둠 의견 나눔지의 영역을 명확하게 표시해 주는 것이 좋습니다.

💡 종이를 접은 횟수나 두께만큼 칸의 수, 폭이 다양하게 만들어지기 때문에 수업에 따라 조절 할 수 있습니다.

💡 이 활동은 다양한 수업에서 배운 내용을 정리할 때 활용할 수 있습니다.
   - 사회 수업: 우리 지역 환경 문제점을 파악하고 지속 가능한 개발을 위한 방안 찾기, 역사 속 시대별 흐름에 따라 배운 내용 정리하기
   - 국어 수업: 이야기를 읽고 주요 등장인물에 대한 의견 나누기
   - 과학 수업: 식물의 구조를 알고 그 기능에 대해 정리하기
   - 영어 수업: 핵심 문장 하나를 적고 그것을 응용해 추가 문장 적기

직선 토론

🔵 **준비물** 붙임쪽지(7.5cm×7.5cm 이상 크기), 칠판

🐂 **활동 방법**

❶ 교사는 토론 주제를 칠판에 적은 후, 칠판 가운데에 가로로 길게 직선을 그립니다. 직선 한가운데를 기준으로 한쪽에는 찬성, 다른 한쪽에는 반대를 적습니다.

❷ 붙임쪽지를 학생들에게 1장씩 나누어 줍니다.

❸ 학생들은 붙임쪽지에 이름을 적고 토론 주제에 대한 자신의 의견과 그 근거를 적습니다.

❹ 1명씩 앞으로 나와 자신의 의견과 그 근거를 발표하고 의견 정도(매우 찬성, 약간 찬성, 매우 반대, 약간 반대 등)에 따라 직선 위에 붙임쪽지를 붙입니다.

❺ 다른 학생의 발표를 듣고 자신의 생각이 바뀐 경우에는 붙임쪽지를 다시 가져가 수정할 수 있습니다. 어떤 학생의 의견을 듣고 자신이 생각이 바뀌었는지를 발표하고 붙임쪽지를 다시 붙입니다.

❻ 토론이 끝나면 토론 과정과 내용을 교사가 정리해 줍니다.

📋 **TIP**

💡 학부모 공개 수업의 경우 학부모의 의견도 붙임쪽지에 적어 붙일 수 있습니다.

💡 이기고 지는 것에 초점을 두기보다는 자신의 생각이 다른 사람의 의견을 듣고 어떻게 바뀌었는지, 자신의 의견이 다른 사람을 어떻게 설득하였는지에 보다 초점을 두고 활동하도록 지도합니다.

💡 '~ 때문에 저는 일기장을 검사하는 것은 인권 침해라고 생각합니다.'와 같은 식으로 근거를 먼저 말하고 의견을 말하게 하면 학생들이 결과만 듣고 근거는 흘려듣는 문제를 줄일 수 있습니다.

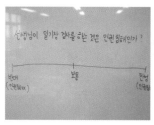

🪶 무력 보강하기

💡 공개 수업 전에 활용할 수 있는 '플래시 노래방'

공개 수업 전에 학생들 사진을 넣은 플래시 노래방을 만들어서 보여 주면 좋습니다. 이때 멜로디가 단순하고 가사가 재미있으면서 긍정적인 내용을 담고 있는 노래를 선택하면 더욱 좋습니다. 학생들은 노래를 따라 부르며 긴장감을 완화할 수 있고, 교사는 수업 전에 준비하는 시간을 가질 수 있습니다. 특히 학부모 공개 수업의 경우 학부모가 다 도착하지 않은 상황에서 어색하게 시간을 보내야 하는 상황이 종종 발생합니다. 그때 학생들의 사진이 들어간 플래시 노래 자료를 보여 준다면 분위기를 좀 더 유연하게 만들 수 있을뿐더러, 학부모에게 자녀들의 학교생활을 엿볼 수 있는 시간을 선물할 수 있습니다.

⋯› '플래시 노래방'을 만들 때 참고할 수 있는 인터넷 사이트: '김정식 허명성의 과학 사랑'(https://sciencelove.com)

플래시 노래방을 만들 수 있는 방법이 자세히 설명이 되어 있는 인터넷 사이트입니다. 초보자도 쉽게 따라 할 수 있도록 설명되어 있습니다. 또 플래시 노래방을 만들 수 있는 틀이 제공되기 때문에 원하는 노래와 가사 파일만 있다면 학급 사진을 활용하여 어떤 노래든지 노래방으로 만들 수 있습니다.

무용담 나누기

선생님 한마디

'우리가 열심히 공부하겠다는 의지를 전달하면 오늘 공부할 문제가 나타난다고?'

아이들의 눈빛이 삽시간에 초롱초롱해집니다. 공개 수업으로 긴장했던 학생과 학부모 모두 신기한 눈으로 서로를 바라보며 웃습니다. 딱딱했던 분위기가 부드러워지고 집중도도 높아집니다. 교사는 아이들의 반짝이는 눈빛을 바라보며 수업을 시작합니다. 마법처럼 짠 하고 나타난 핵심 낱말은 수업 내내 아이들의 머릿속에 남아 있습니다.

이번 수업에서 소개한 활동들은 '모든 학생이 참여하는 수업을 만들자'는 취지 아래 구성된 것입니다. 교사의 지식이 일방적으로 전달되는 것이 아니라 학생 스스로 주체가 되어 서로의 지식을 나누는 과정에서 자연스럽게 학습이 이루어지는 활동들이므로 다양한 교과에서 활용하시길 추천합니다. 이 활동들이 '종이 지갑 마술'과 어우러져 아이들의 눈과 귀를 사로잡고 수업 참여도를 확 올려 줄 것입니다. 공개 수업이 주는 부담감에서 벗어나, 학생들이 신나게 참여할 수 있는 수업, 교사와 학생 모두가 주체가 되는 행복한 수업을 만드는 데 조금이나마 도움이 되기를 바랍니다.

아이들 활동 소감

소원 : 공부할 문제가 마법처럼 등장해서 신기했어요. 오늘 배운 '인터넷 예절'은 잊지 못할 것 같아요. 생활 속에서 열심히 실천해야겠어요.

현석 : 친구들이랑 역할극을 하는 것이 재밌었어요. 그리고 잘못된 행동, 바른 행동을 찾아 역할극을 하면서 평소 제 모습을 되돌아볼 수 있었어요.

지후 : '직선 토론'은 처음 해 봤는데, 친구들의 의견을 듣고 제 생각이 바뀌기도 하고 제 의견이 친구들의 생각을 바꾸기도 해서 신기했어요.

학교 폭력 예방 수업 고수 되기

혹시 항상 밝던 학생의 얼굴이 어느 순간부터 시무룩한 표정으로 변하는 것을 본 적 있나요? 다른 이유가 있을 수도 있지만, 학교 폭력을 당하고 있는 학생의 얼굴은 항상 어둡습니다. 그리고 우울한 얼굴로 학교에 오기 싫다고 말한다면 교사는 이 학생이 학교 폭력을 당하고 있는지 꼭 의심해 봐야 합니다.

학교 폭력을 없애고 사랑과 배려가 가득한 반을 만들기 위해서는 학생들이 서로를 이해하고 존중하기 위해 노력해야 합니다. 평소 학교에서 실시하는 학교 폭력 예방 교육으로 학생들에게 학교 폭력의 위험성을 알려 주는 것도 좋지만, 특별한 수업으로 서로가 다름을 이해하는 시간을 가져 보는 것은 어떨까요?

고수의 비법

색연필 텔레파시 마술

학생이 좋아하는 색을 텔레파시로 알아맞히는 마술

준비 난이도    기술 난이도

함께 하는 무림 활동

친구를 지켜라

친구를 지켜 주는
술래잡기 놀이

내 말을 들어줘

미션 활동을 통해서 친구들의
감정을 살펴보는 활동

전학생이 왔어요

상처받은 친구가 우리 반에
전학 온 상황을 가정해 보는 활동

색연필 텔레파시 마술

1

색이 다른 색연필 6개를 학생들에게 보여 주고 각각의 색에 담긴 의미를 설명합니다. 그리고 학생 1명을 선택해서 도움을 청합니다.

여러분은 어떤 색을 좋아하나요? 각각의 색에는 특별한 의미가 담겨 있습니다. 어떤 의미가 있는지 살펴봅시다.(빨강-열정, 사랑 / 주황-에너지, 활동력 / 노랑-즐거움, 명랑 / 초록-숲, 편안함 / 파랑-바다, 침착함 / 보라-풍부한 감수성, 예술가적 기질) 이제 선생님이 여러분 중에서 1명을 선택해서 그 사람이 좋아하는 색을 맞혀 볼 거예요. ○○(이)가 도와줄래요?

2

교사가 학생을 등지고 서면 학생은 좋아하는 색연필 하나를 골라서 교사의 손에 쥐여 줍니다.

선생님이 뒤돌아 있는 동안 ○○(이)가 6가지 색의 색연필 중에서 마음에 드는 색을 하나 골라 선생님 손에 쥐여 주세요.

3

학생이 남은 색연필을 등 뒤로 숨기면 교사가 돌아서서 학생과 마주 봅니다.

○○(이)는 선생님이 나머지 색연필을 볼 수 없게 등 뒤로 숨겨 주세요. 숨겼으면 이제 선생님이 돌아설게요.

4

교사는 색연필을 쥔 손은 뒤로 한 채, 나머지 한 손을 뻗어 텔레파시를 받고 학생이 좋아하는 색연필의 색을 맞춥니다.

선생님이 ○○(이)에게 텔레파시를 받을 거예요. 텔레파시가 잘 도착했어요. 이 색을 좋아하는 친구는 무슨 일이든 열심히 해요. 그리고 항상 친구들을 사랑으로 감싸 줘요. ○○(이)가 좋아하는 색은 바로 열정, 사랑을 뜻하는 빨강입니다.

○○(이)는 빨간색을 좋아하지만 다른 친구들은 ○○(이)와 다른 색깔을 좋아할 수도 있어요. 사람마다 좋아하는 색깔이 모두 다를 수 있죠. 그렇다고 틀린 것은 아니예요.

이번 시간에는 색연필 마술에서 알 수 있듯이 서로가 다름을 이해하는 시간을 가져 봅시다.

● 준비물

6가지 색의 색연필(빨강, 주황, 노랑, 초록, 파랑, 보라)

비법 풀이

1

사진과 같이 양손을 뒤로 한 채 학생이 쥐여준 색연필을 잡습니다.

2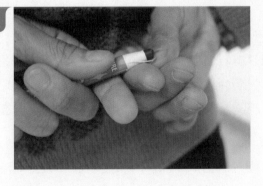

한 손으로 색연필을 잡고 다른 손의 엄지손톱에 색을 칠합니다.

 텔레파시를 받는다고 말하며 사진처럼 손을 내밀고 손톱에 묻은 색을 확인합니다.

📖 유의할 점

☑ 마술 시연 시 색연필의 수는 달리할 수 있으나 5~6개일 때 가장 효과적입니다. 3개 이하일 경우에는 교사가 우연히 맞혔다 생각할 수 있고, 7개 이상일 경우에는 색연필을 쥐기가 불편할 뿐만 아니라 설명하는 데 시간이 오래 걸리는 단점이 있습니다.

☑ 색이 비슷한 것은 사용하지 않는 게 좋습니다. 예를 들어 빨강과 분홍은 손톱에 칠할 경우 비슷하게 보이므로 유의해야 합니다.

☑ 색을 확인할 때 곁눈질을 하거나 오래 보지 않도록 주의합니다. 팔이 학생과 일직선이 되게 한 상태로 텔레파시를 받는 척하는 자세가 가장 좋습니다. 학생의 얼굴을 바라보면 손톱의 색도 함께 보입니다.

☑ 샤프식 색연필보다 종이 말이 색연필을 사용하면 손톱에 색이 잘 묻어 확인하기 좋습니다.

🎨 미술 교과 활동: 색과 관련된 수업에 활용할 수 있습니다.

⋯ 초등학교 3학년 미술 '10색상환의 색 이름을 알고 따뜻한 느낌의 색과 차가운 느낌의 색을 알아보는 수업'의 동기 유발로 색연필 마술을 활용할 수 있습니다. 학생이 좋아하는 색을 맞힘으로써 색에 대한 관심을 유도하고, 이어서 자연스럽게 색의 느낌을 알아보는 공부를 할 수 있습니다.

🎨 학생과 상담 시 라포르 형성

⋯ 색은 모든 사람이 쉽게 공감할 수 있는 소재이므로 학생들이 좋아하는 색을 맞히면서 친밀감을 높일 수 있습니다. 색에는 평소 사회적으로 통용되는 관념이나 정서, 상징이 있으므로 이를 통해 학생의 심리 상태를 유추할 수 있습니다. 또한 색을 맞힐 때 학생이 선택한 색의 긍정적 의미와 학생의 장점을 연결시켜 칭찬하면 좋습니다.

친구를 지켜라

🔴 **준비물** 서로 다른 4가지 색의 유니폼(모둠 수만큼 준비)

🐂 활동 방법

1 술래 1명을 정하고, 나머지 학생들은 4명씩 모둠을 만듭니다.

2 한 모둠의 학생들은 서로 다른 색의 유니폼을 착용한 후 경기장 안에서 손을 잡고 원을 만듭니다.

3 모든 모둠이 준비가 끝나면 술래는 경기장 바깥에서 유니폼의 색들 중 1가지 색을 부릅니다.

4 술래는 지목한 색의 유니폼을 입고 있는 학생들을 터치하도록 노력하고, 나머지 모둠원들은 술래가 그 학생을 터치하지 못하도록 움직이거나 원을 회전시켜 보호합니다. 이때 술래를 제외한 학생들은 경기장을 벗어날 수 없습니다. 만약 경기장을 벗어난 모둠이 있다면 그 모둠원 중 1명이 술래가 됩니다.

5 술래에게 터치된 학생은 새로운 술래가 되어 활동을 이어 갑니다.

6 **2**~**5**의 활동을 반복한 후 활동 느낌을 나눕니다.

- 다른 친구들이 나를 보호해 줄 때의 느낌은 어떠했나요?
- 우리 반에 나의 보호나 도움이 필요한 친구가 있다면 어떻게 해야 할까요?
- 술래인 나를 제외한 친구들이 서로 뭉칠 때 나의 기분은 어떠했나요?
- 만약 술래가 2명이었다면 술래는 기분이 어떠했을까요?

📝 TIP

💡 경기장의 크기는 모든 모둠이 들어가서 움직일 때 부딪히지 않는 크기가 적당합니다.

💡 활동 시작 전에 신체 부위 중 예민할 수 있는 곳은 터치하지 않도록 함께 약속합니다.

💡 학생들이 활동의 의미를 이해할 수 있도록 놀이 후에 느낌을 나누는 시간을 꼭 가집니다.

내 말을 들어줘

● **준비물** 미션 PPT

🐂 활동 방법

❶ 반 전체를 짝끼리 두 팀(A 팀, B 팀)으로 나눕니다.

❷ 전체 학생에게 A 팀은 특별한 미션이 있다고 말하고 B 팀은 잠시 교실 밖으로 나가 기다리게 합니다.

❸ A 팀에게 미션을 PPT로 제시합니다. A 팀의 미션은 '선생님이 다음 체육 시간에 자유 시간을 준다고 말하면 자신의 짝에게 함께 피구를 하자고 설득하여 동의를 얻는다.'입니다.

❹ A 팀이 미션을 확인하는 동안 교사는 B 팀을 조용히 시키겠다며 복도로 나가 B 팀에게 비밀 미션을 제시합니다. B 팀의 비밀 미션은 '체육 시간에 피구를 하자는 짝의 설득에 절대 동의하지 않는다.'입니다.

❺ B 팀이 비밀 미션을 이해하고 교실에 입장하면 서로 미션을 수행하도록 합니다.

❻ 활동 종료 후 교사는 A 팀과 B 팀의 미션을 공개하고 서로의 입장 및 느낌을 나누게 합니다.
 - 미션을 하는 동안 A 팀의 기분은 어땠나요? 어떤 점이 가장 기분 나빴나요?
 - 친구의 말이나 행동 때문에 마음에 상처를 받을 수도 있습니다. 활동 후 B 팀은 무엇을 느꼈나요?
 - 앞으로 우리는 어떻게 행동해야 할까요?

❼ 이야기를 나눈 후 짝에게 서로 미안한 마음을 담아 편지를 써도 좋습니다.

✏ TIP

💡 평소 교우 관계에서 주도적인 학생을 A 팀으로 배치하면 활동의 의의를 더욱 잘 느낄 수 있습니다.

💡 B 팀의 미션 공개에 A 팀이 기분 나쁘지 않도록 먼저 교사와 B 팀이 사과하는 시간을 갖습니다.

💡 활동의 느낌을 나눌 때 가능하면 A 팀의 기분을 모두 들어 봅니다.

전학생이 왔어요

💿 **준비물** A4 용지(앞면에 슬픈 표정, 뒷면에 기쁜 표정을 그림.)

🐄 활동 방법

❶ 우리 반에 전학생이 왔다며 교사가 슬픈 표정의 그림을 들고 등장합니다.

❷ 교사는 전학 온 친구가 전 학교에서 따돌림과 괴롭힘을 당해서 마음이 많이 슬프다고 이야기합니다.

❸ 학생들에게 눈을 감고 전학 온 친구에게 전 학교의 친구들이 했을 법한 말과 행동을 생각해 보라고 합니다. 학생들은 충분히 생각한 후 다시 눈을 뜹니다.

❹ 교사는 전학 온 학생이 전 학교에서 큰 상처를 받았다고 말하며 종이를 구깁니다.

❺ 이번에는 우리 교실에서 함께 잘 지내자는 의미로 좋은 말을 해 주자고 합니다.

❻ 학생들의 좋은 말이 들리기 시작하면 구겼던 종이를 뒤집어 조금씩 펴며 웃는 표정의 그림을 보여 줍니다.

❼ 학생들에게 전학 온 친구의 마음이 어떨지 물어봅니다.

❽ 이 구겨진 종이가 처음처럼 깨끗하게 펴질 수 없듯이 마음의 상처는 쉽게 회복되는 것이 아니므로 앞으로 더욱 큰 배려와 관심이 필요하다고 이야기합니다.

📝 TIP

💡 조용한 음악으로 진지한 분위기를 형성한다면 학생들이 활동에 더욱 몰입할 수 있습니다.

💡 『내 짝꿍 최영대』(채인선 글·정순희 그림)를 함께 읽으면 좋습니다. 『내 짝꿍 최영대』는 학교에서 벌어지는 따돌림을 소재로 한 책으로, 아이들이 잘못을 깨닫고 친구의 소중함을 느끼는 과정을 섬세하게 그리고 있습니다.

선생님 한마디

'색연필 텔레파시 마술'은 간단하면서도 재미있는 마술입니다. 그렇다고 연습을 하지 않으면 실수하기 쉽습니다. 저도 색연필이 칠해진 손톱을 보려고 곁눈질을 하다가 눈치 빠른 학생에게 마술 비법을 들킨 적이 있습니다. 이럴 때 난처한 상황을 벗어나는 방법은 한 가지뿐입니다. 그냥 태연하게 마술을 이어 나가면 됩니다. 우리 학생들은 선생님의 실수를 눈감아 줄 수 있는 착한 아이들이니 걱정하지 않으셔도 됩니다. 오히려 실수가 분위기를 더욱 화기애애하고 즐겁게 만들 수도 있습니다. 색연필 마술을 배운 후 학생들은 '다르다'라는 말의 의미를 정확하게 알고 실생활에서 종종 써먹기도 했습니다. 서로의 다름을 이해하기 시작한 것입니다.

'전학생이 왔어요' 활동에서 보인 학생들의 반응은 제 마음에도 큰 울림을 주었습니다. 처음 제가 전학생이 왔다며 종이를 가지고 나오자 학생들은 선생님이 무슨 장난을 치시는 건가 하는 표정을 지으며 키득거렸습니다. 그러나 상처받은 친구에 대해 설명하기 시작하자 금방 웃음을 멈추었고, 눈을 감은 채 전학생의 마음을 생각하는 시간에는 무척 진지한 표정을 지어 저를 놀라게 했습니다. 그리고 한번 상처 입은 마음은 구겨진 종이처럼 쉽게 회복되지 못한다는 말을 하자 10초 정도 정적이 흘렀습니다. 학생들의 눈빛 속에서 따돌림에 대한 불편한 심정과 진심으로 친구를 위하는 마음을 느낄 수 있었습니다.

아이들 활동 소감

민주   처음에는 '친구를 지켜라' 놀이를 하며 즐겁게 놀기만 하면 되는 줄 알았는데 친구들의 이야기를 듣고 느낀 점이 많았어요. 다 같이 즐거운 놀이가 정말 좋은 놀이인 것 같아요.

나경   미션을 하면서 즐거웠어요. 한편으론 제가 말도 안 되게 거절만 해서 짝에게 미안했어요.

영서   선생님이 전학생 이야기를 들려주셨을 때 친구들이 저랑 잘 놀아 주지 않던 때가 생각나서 조금 슬펐어요. 저는 꼭 친구들이 혼자가 되지 않도록 할게요!

인성 수업 고수 되기

학교 안에서 일어나는 학생들의 갈등 상황을 들여다보면 여러 인성적 요소와 관련되어 있는 경우가 많습니다. 학생들과 이야기를 해 보면 나눔, 배려, 양보, 책임 등 가치 덕목들에 대해 추상적으로는 이해하고 있지만 그 의미를 제대로 모르는 경우가 대부분입니다. 학교에서 가치 덕목들에 대해 배울 기회도, 나아가 이를 실천해 볼 기회도 적었기 때문입니다.

이런 상황을 고려하여 학생들의 흥미를 유발하면서도 적극적인 참여를 이끌어 낼 수 있는 인성 수업 방법을 고민했습니다. 이번 수업을 통해 선생님들의 교실에 아름다운 성품 열매가 주렁주렁 열리길 바랍니다.

고수의 비법

성품 카드 찾기 마술

학생이 고른 카드가 무엇인지 알아맞히는 마술

준비 난이도 　기술 난이도

함께 하는 무림 활동

우리들의 성품 열매

성품 열매의 구체적인 실천 방법을 고민해 보고 한 달간 실천하는 활동

가치 퍼즐 게임

2개의 핵심 낱말로 성품 열매가 필요한 상황을 추측하는 활동

칭찬 상자로 뽑는 MVP

칭찬 상자에 이름이 가장 많이 담긴 친구를 MVP로 선정하여 함께 사진을 찍는 활동

성품 카드 찾기 마슬

1

성품 열매 카드 9장을 책상에 내려놓은 뒤, 한 학생을 선택하여 카드를 1장 고르게 합니다.

책상 위에 9장의 성품 열매 카드가 있습니다. 이 중에서 ○○(이)가 마음에 드는 카드 1장을 골라 볼까요? 고른 카드가 무엇인지 말하지 말고 마음속으로만 선택해 주세요.

2

교사는 뒤돌아서 있는 동안 학생에게 고른 카드가 무엇인지 붙임쪽지에 적어 친구들에게 보여 주라고 합니다.
(학생이 고른 카드='책임')

선생님이 뒤돌아 있는 동안 고른 카드가 무엇인지 붙임쪽지에 적어 친구들에게 보여 주세요. 끝나면 "다 됐어요."라고 말하세요.

3

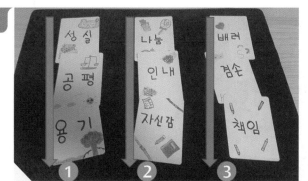

교사는 3번의 질문을 통해 학생이 선택한 카드를 찾아내겠다고 안내합니다.

선생님이 질문을 할게요. 왼쪽부터 오른쪽 순서로 1, 2, 3번째 줄이라고 할 때, ○○(이)가 골랐던 카드는 몇 번째 줄에 있나요? (학생: 3번째 줄이요.)

4

교사는 카드를 걷은 후 다시 9장을 3열로 내려놓습니다.

선생님이 다시 한번 카드를 걷어서 책상 위에 올려놓을게요. ○○(이)가 선택한 카드가 몇 번째 줄에 있나요? (학생: 1번째 줄이요.)

5

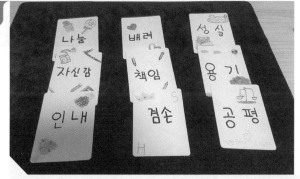

마지막으로 1번 더 카드를 걷은 후 다시 내려놓습니다.

1번만 더 해 볼게요. 이번에는 몇 번째 줄에 있나요? (학생: 2번째 줄이요.)

인성 수업 고수 되기

6
카드를 뒤집어서 1장씩 내려놓으며 학생이 고른 카드를 찾습니다.

이제 선생님이 카드를 1장씩 책상에 내려놓으면서 ○○(이)가 고른 카드를 찾아볼게요. 이 카드에서 느낌이 오네요. ○○(이)가 고른 카드는 바로 '책임' 카드입니다.

🎯 준비물

학생들이 만든 성품 열매 카드 9장

🎉 비법 풀이

카드의 배열 규칙을 활용한 마술로, 정해진 순서대로 규칙을 잘 지켜서 마술을 진행한다면 학생이 고른 카드를 보지 않고도 알아맞힐 수 있습니다.

1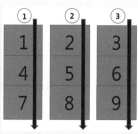

[카드 내려놓는 방법] 1~9번 순서로 카드를 내려놓을 때, 세로줄의 카드들은 일부를 겹쳐서 놓아야 합니다. 즉 4번은 1번 카드 위에, 7번은 4번 카드 위에 조금씩 겹쳐 놓아야 합니다.

2

[카드 걷는 방법] 카드를 걷을 때는 1장씩 걷는 것이 아니라 세로줄을 한꺼번에 걷어야 합니다. 세로줄 카드들은 조금씩 겹쳐져 있으므로 카드 위아래에서 한 번에 쉽게 모을 수 있습니다. 세로줄 카드들을 다 모은 후에는 각 카드 더미 중 학생이 고른 카드가 포함된 더미(③)를 가운데에 위치하도록 모읍니다. 예를 들어 ②-③-① 또는 ①-③-②로 모을 수 있습니다.

3 [카드 찾는 방법] **2** 에서 안내한 방법대로 카드를 내려놓고 걷는 과정을 3번 반복합니다. 그런 다음 카드의 뒷면이 위로 오게끔 카드를 뒤집은 후, 위에서부터 1장씩 순서대로 내려놓으면 5번째에 내려놓는 카드가 학생이 고른 카드입니다.

• 초보자 방법: 교사는 학생이 선택한 카드를 바로 찾아냅니다.

방법 ① - 5번째 내려놓는 카드를 바로 보여 주면서 학생이 고른 카드를 맞힙니다.

방법 ② – 카드 9장을 다 내려놓고 나서 학생이 고른 카드를 맞힙니다. 이때 5번째 내려놓는 카드의 위치(★)를 잘 기억해야 합니다.

• 숙련자 방법: 교사는 학생과의 상호 작용을 통해 학생이 선택한 카드를 찾아 나갑니다.

(1) 학생에게 카드 사이에 손가락으로 가상의 선을 그어 보도록 합니다. 학생이 가상의 선을 긋고 나면, 학생이 골랐던 카드가 없는 쪽의 카드를 모두 한쪽으로 치워 놓습니다.

(2) 남은 카드 중에서 마음에 드는 카드 3장만 손으로 터치하도록 합니다.
- 학생이 고른 카드가 3장 안에 포함될 경우: 3장의 카드를 남겨 놓고 나머지 카드를 치웁니다.
- 학생이 고른 카드가 3장 안에 포함되지 않을 경우: 3장의 카드를 치우고 나머지 카드를 남겨 놓습니다. 이 경우 바로 (4)번 과정으로 넘어갑니다.

(3) 남은 카드 중에서 2장만 터치하도록 합니다.
- 학생이 고른 카드가 2장 중에 있는 경우: 그 카드 2장을 남기고, 나머지 1장을 치웁니다.
- 학생이 고른 카드가 2장 중에 없는 경우: 나머지 1장이 학생이 고른 카드입니다.

(4) 남은 카드 중에서 1장만 선생님 쪽으로 밀도록 한 후, 학생이 고른 카드를 공개합니다.
- 학생이 고른 카드를 선생님 쪽으로 민 경우: "이 카드가 처음에 학생이 고른 카드였네요."라고 말하면서 카드를 보여 줍니다.
- 다른 카드를 선생님 쪽으로 민 경우: "이 카드는 선생님이 갖겠습니다. 남은 카드가 ○○(이)가 고른 카드인 것 같네요."라고 말하면서 공개합니다.

📖 유의할 점

☑ 이 마술에 사용된 '성품 열매 카드'는 학생들이 직접 만든 카드입니다. 9개의 가치 덕목을 선택하여 교사 또는 학생이 만들 수 있으며, 이때 뒷면이 비치지 않도록 만들어야 합니다.

☑ 이 마술은 카드를 내려놓는 방법과 모으는 방법을 잘 아는 것이 중요합니다. 카드를 내려놓을 때는 카드끼리 조금씩 겹치도록 해야 카드를 모을 때 세로줄을 한 번에 모을 수 있습니다.

☑ 숙련자 방법으로 학생이 고른 카드를 맞힐 때, 5번째 카드를 교사 가까이에 내려놓는 것도 카드를 잘 기억할 수 있는 방법 중 하나입니다.

🐚 **다양한 교과 활동:** 국어, 사회, 과학 등 전 교과에서 핵심 내용을 뽑아 카드를 만든 후 학습 동기 유발 및 복습에 활용할 수 있습니다.

⟶ 역사 인물 카드, 이야기 속 등장인물 카드 등

🐚 **학생 상담 활동:** 감정 카드 또는 마음 카드를 만들어 내담자와 상호 간 신뢰감을 형성하고 친근감을 높일 수 있습니다.

⟶ 학생이 고른 카드를 선생님이 맞히면서 "○○(이)가 고른 카드는 이 카드인 것 같은데 왜 이 카드를 선택했는지 말해 줄 수 있을까?"라고 대화를 시작하면 좀 더 편안하게 상담을 이끌어 갈 수 있습니다.

함께 하는 무림 활동

우리들의 성품 열매

🍩 **준비물** 성품 열매 카드, A4 용지(모둠 활동지), 필기도구

🐂 **활동 방법** 활동지 326쪽

❶ 학생들은 성품 열매 카드 중에서 이번 달에 우리 반 친구들이 지켰으면 하는 성품을 1가지 고릅니다.

❷ 모둠별로 이번 달 성품을 실천할 수 있는 방법을 생각해 본 후 모둠 활동지에 적습니다.

❸ 모둠 활동지에 적은 방법을 발표하고 교실에 게시합니다.

❹ 한 달 동안 자신의 모둠에서 쓴 방법과 다른 모둠에서 쓴 방법 중 각각 1가지를 선택하여 실천합니다.

❺ 실천하고 난 후에는 모둠 활동지의 해당 방법 옆에 자신의 이름을 적습니다.

❻ 한 달 후, 누가 가장 열심히 실천했고 어떤 방법을 가장 많이 실천했는지 확인합니다.

📝 **TIP**

💡 학생들이 실천 방법을 생각하기 어려워할 경우 교사가 예시를 제시해 주는 것도 좋습니다.
　　예 이번 달 성품 열매가 '책임'인 경우: ① 청소 시간에 내가 맡은 역할을 열심히 하는 것. ② 도서실에서 빌린 책을 기간 내에 반납하는 것. ③ 숙제를 제시간에 해 오는 것.

💡 모둠 활동지에 적힌 실천 방법은 모둠원 수와 같거나 더 많아야 합니다. 그래야 반 전체 학생들이 2가지 이상을 실천할 수 있습니다.

💡 저학년의 경우, 『아름다운 가치 사전』(채인선 글·김은정 그림)을 활용하여 성품 열매를 익히고 글씨 쓰기 지도도 함께 하면 효과적입니다.

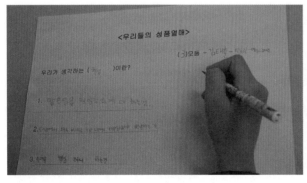

가치 퍼즐 게임

🟢 **준비물** 4절 색상지(모둠 활동지), 붙임쪽지, 가치 퍼즐 답안지, 필기도구

🐂 **활동 방법** 활동지 327쪽

❶ 교사는 모둠별로 성품 열매가 하나씩 적혀 있는 4절 색상지를 나누어 줍니다. 이때 색상지에 쓰인 성품 열매는 각각 다릅니다.

⠀예 감사, 배려, 용기, 성실, 보람, 공평 등

❷ 색상지에 쓰인 성품이 잘 드러날 수 있는 상황 4가지를 생각한 후 모둠 활동지 뒷면에 적습니다.

❸ 상황 1개당 핵심 낱말 2개를 추려 붙임쪽지에 하나씩 적고, 모둠 활동지 앞면에 붙입니다.

⠀예 '보람': '운동회를 열심히 하고 난 후의 기분'을 생각했다면, '운동회'와 '열심히' 두 낱말을 붙임쪽지에 각각 하나씩 적어 모둠 활동지 앞면에 붙입니다.

❹ 모둠 활동지가 완성되면 다른 모둠과 바꿉니다.

❺ 붙임쪽지에 적힌 핵심 낱말을 보고 정답을 예측한 후 가치 퍼즐 답안지에 씁니다.

❻ 모둠 활동지 뒷면을 확인한 후 점수를 매깁니다. (완벽하면 10점, 비슷하면 5점, 다르면 0점)

✍ **TIP**

💡 다른 모둠의 활동지를 받았을 때 바로 뒷면을 보지 않도록 미리 주의를 줍니다.

💡 경쟁에 초점을 두기보다는 성품에 대해 알아본다는 마음으로 즐겁게 참여할 수 있도록 독려합니다.

💡 점수를 매길 때는 각각의 모둠이 스스로 판단하여 적을 수 있도록 합니다. 이때 점수 자체가 중요한 것이 아니라는 점을 꼭 이야기해 줍니다.

칭찬 상자로 뽑는 MVP

🌀 **준비물** 칭찬 상자, 붙임쪽지, 필기도구, MVP 모자, 카메라

🐂 **활동 방법**

① 교사는 칭찬 상자와 붙임쪽지를 교실 한쪽에 준비해 둡니다.

② 학생들은 칭찬받을 만한 일을 한 친구 이름과 칭찬 이유를 구체적으로 적어 칭찬 상자에 넣습니다.

③ 교사는 일주일에 1번 칭찬 상자를 확인하여 칭찬 상자 안에 있는 쪽지 내용을 소개합니다.

④ 월말에는 칭찬 상자에 이름이 가장 많은 학생을 '이달의 성품 열매 MVP'로 선정합니다.

⑤ MVP로 선정된 학생은 MVP 모자를 쓰고 반 친구들과 함께 추억 사진을 찍습니다.

✍️ **TIP**

💡 교사가 하루에 1번 이상 칭찬 상자를 활용하는 모습을 보이면 학생들에게 동기 부여가 될 수 있습니다.

💡 MVP 모자는 인터넷에서 '색종이 왕관'을 검색하여 만드는 방법을 참고하면 쉽게 만들 수 있습니다.

💡 매월 사진을 인화하여 교실 뒤편의 '명예의 전당'에 게시하면 좋습니다.

선생님 한마디

저는 학기 초에 학생들과 함께 나눔, 배려, 용기, 책임 등 여러 가지 덕목들로 '성품 열매 카드'를 만듭니다. 성품 열매 카드 만들기는 인성 수업을 하기 전에 동기 부여 활동으로 매우 좋습니다. 그리고 이렇게 만든 성품 열매 카드 중 매달 한두 가지씩을 골라 성품 열매로 선정합니다. 성품 열매를 선정할 때 카드 마술을 활용하면 학생들의 흥미를 높이고 적극적인 참여를 유도할 수 있습니다.

성품 열매를 선정한 후에는 다음과 같은 순서로 활동을 진행합니다. 예를 들어 이번 달 성품 열매가 '배려'라면 먼저 학생들에게 각자 생각하는 배려의 의미에 대해 묻습니다. 그리고 모둠별로 배려를 실천할 수 있는 방법을 정리하여 발표하게 합니다. 그런 다음 선정된 성품 열매를 칠판에 붙여 놓고 학생들이 한 달 동안 지속적으로 실천할 수 있도록 중간중간 동기 부여를 해 줍니다. 이 활동을 하면서 '칭찬 상자'를 활용하는 것도 좋은 방법입니다.

이렇게 1년 동안 학급 운영을 해 본 결과 학생들이 막연하게 여겼던 삶의 덕목들을 구체화하고 내면화하는 모습을 발견할 수 있었습니다. 그리고 직접 실천하며 느끼는 것들이 스스로의 삶뿐만 아니라 교우 관계에도 매우 긍정적 영향을 끼친다는 것을 알았습니다. 교실 속에서 맺어 가는 성품 열매들이 교사와 학생 모두를 행복하게 해 주는 선물이 되면 좋겠습니다.

아이들 활동 소감

정은 제가 고른 성품 열매 카드를 선생님이 맞혔을 때 깜짝 놀랐어요. 너무 신기해요.

서준 다양한 활동을 통해 성품 열매에 담긴 의미들을 조금 더 잘 알게 되었어요. 다음 달 성품 열매는 제가 고르고 싶어요. 선생님께서 제가 고른 카드도 꼭 맞혀 주시면 좋겠어요.

은성 칭찬 상자에서 제 이름이 나왔을 때 정말 기분이 좋았어요. '가치 피즐 게임'을 할 때 친구들과 문제 만드는 것도 재밌었어요.

본민 '이달의 성품 열매 MVP'가 되었을 때 기분이 진짜 좋았어요. 선생님이 만들어 주신 왕관도 마음에 들어요.

가족 수업 고수 되기

주말이나 명절이 지나 학생들과 대화를 나누다 보면 학생들이 가족 호칭을 잘 알지 못해 아저씨, 삼촌, 친척이라고 얼버무리는 모습을 종종 발견합니다. 핵가족화가 되고 가족 간의 왕래가 점차 줄어들면서 가족이나 친척의 호칭을 부를 기회가 많지 않을뿐더러 가족 간 호칭 자체가 낯설고 어렵기 때문입니다.

학생들이 좀 더 쉽게 가족의 호칭을 익히고 스스럼없이 부를 수 있도록 다양한 활동을 시도해 보는 것은 어떨까요? 이번 수업을 통해 학생들이 평소 잘 부르지 않았던 호칭을 부르며 가족에 대한 사랑과 소중함을 깨닫길 바랍니다.

고수의 비법

종이 찢기 마술

찢은 종이에 학생이 가장 좋아하는 가족의 호칭만 남게 하는 마술

준비 난이도 　　기술 난이도

함께 하는 무림 활동

스피드 가족 찾기

짝과 가족 호칭 빙고를 한 후, 교사가 설명하는 가족 호칭 카드를 모으는 놀이

가족 릴레이

모둠별 릴레이로 가족 호칭이 적힌 붙임쪽지를 찾는 활동

건빵 가족

건빵을 활용하여 즐거운 가족의 모습을 표현하고 소개하는 활동

종이 찢기 마술

1

A4 용지를 9등분하여 접고 선을 따라 손으로 찢습니다.
(A4 용지에 그린 선은 식별을 위해서 임의로 그린 선입니다.)

여러분을 가장 사랑하는 사람은 누구일까요? 아빠, 할머니, 누나? 바로 여러분의 가족이겠죠. 자, 선생님이 종이 1장을 가져왔습니다. 우선 이 종이를 9등분해서 찢을게요.

2

학생 1명을 선택한 후, 종이 1장에 가장 좋아하는 가족 호칭 1개를 적어 다른 학생들에게 보여 주도록 합니다. 학생이 호칭을 적는 동안 교사는 뒤돌아서 있습니다.

9장의 종이에 가족 또는 친척의 호칭을 적을 거예요. 먼저 ○○(이)는 선생님이 건네는 1장의 종이에 가장 좋아하는 가족 또는 친척이 누구인지 적어 주세요.

3

나머지 종이 8장에 각각 다른 가족의 호칭을 적게 합니다. 그리고 적은 내용을 다른 학생들에게 보여 준 후 종이를 잘 섞어 교사에게 건네도록 합니다.

나머지 8장의 종이에는 자신이 알고 있는 가족이나 친척의 호칭을 적어 주세요.

9장의 종이에 호칭을 다 적었으면 선생님이 알아채지 못하도록 종이를 잘 섞어

서 다시 선생님에게 주세요.

4

학생이 적은 종이를 1장씩 보여 주며 가족 중 누구를 가리키는 호칭인지 설명합니다.

○○(이)가 어떤 가족 호칭들을 종이에 적었는지 선생님과 함께 하나씩 살펴보

겠습니다.

먼저 '삼촌'을 살펴볼게요. 어떤 사람에게 '삼촌'이라고 부르죠? 맞아요, 아빠의

남자 형제 중 결혼을 하지 않은 사람을 '삼촌'이라고 합니다. 그리고 '고모'는 아

빠의 여자 형제를 부르는 말이죠.

5

한 손에 들고 있는 9장의 종이를 다른 손으로 쳐서 허공으로 날립니다.

이제 ○○(이)가 가장 사랑하고 좋아하는 가족이 누구인지 선생님이 맞혀 볼게요.

여러분이 하나, 둘, 셋이라고 외치면 선생님이 종이를 허공으로 날릴게요. 그럼 선생님 손에는 ○○(이)가 가장 좋아하는 가족의 호칭이 적힌 종이만 남을 거예요.

6

손에 남아 있는 종이를 들어 학생이 가장 좋아하는 가족의 호칭이 맞는지 확인합니다.

○○(이)가 가장 사랑하고 좋아하는 가족은 바로 '엄마'였군요.

이번 시간에는 내가 사랑하고 나를 사랑하는 가족들의 호칭에 대해 알아보겠습니다. 호칭을 제대로 알고 가족들을 부르면 가족 간의 관계도 더욱 돈독해질 것입니다.

가족 수업 고수 되기

준비물

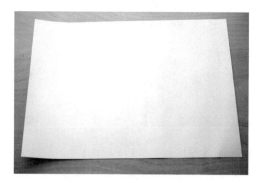

A4 용지

도구 만들기

A4 용지 1장을 9등분하여 접은 후 선을 따라 손으로 찢습니다.

비법 풀이

1

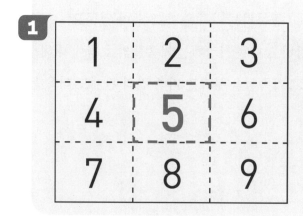

종이를 손으로 찢는 것이 이 마술의 핵심입니다. 종이를 손으로 찢게 되면 9장의 종이 중 정가운데의 종이(사진에서 5번 위치에 있는 종이)만 4개의 변이 모두 찢긴 형태를 보입니다. 나머지 8장의 종이는 1개 또는 2개의 변이 매끈한 형태를 보입니다.

종이를 세로로 길게 자를 때 3등분의 가운데 부분이 맨 위로 오게 한 뒤 나머지 종이를 뒤로 포갭니다. 이것은 9장의 종이 중 네 변이 모두 찢긴 형태의 종이(5번 종이)가 맨 위에 오게 하기 위해서입니다.

가로로 잘랐을 때도 가운데 종이가 맨 위에 오도록 나머지 종이를 뒤로 포갭니다.

자연스럽게 맨 위에 있는 종이(네 변이 모두 찢긴 형태의 종이)를 학생에게 주고 가장 좋아하는 가족이나 친척의 호칭을 적도록 안내합니다.

5

나머지 종이에도 각각 다른 가족 호칭을 적도록 안내합니다.

6

가족 호칭을 적은 종이를 하나씩 학생들에게 보여 주며 설명합니다.

7

설명을 하면서 네 변이 모두 찢긴 형태의 종이를 자연스럽게 엄지와 검지 사이에 끼우고 나머지 8장의 종이는 검지와 중지 사이에 끼웁니다.

8 반대편 손으로 힘껏 치며 검지와 중지 사이에 끼운 8장의 종이만 떨어뜨립니다. 그러면 가장 좋아하는 가족의 호칭을 적은 가운데 종이만 남게 됩니다.

🗺 유의할 점

☑ 종이를 손가락 사이에 끼울 때 1장의 종이와 8장의 종이를 하나의 뭉치처럼 보이도록 끼워야 합니다.

☑ 옆으로 서면 손가락에 다르게 끼운 종이가 보일 수 있으므로 학생들 정면에 섭니다.

☑ 학생이 호칭을 적는 것을 어려워할 수도 있습니다. 따라서 마술을 하기 전에 평소 자주 사용하거나 익숙한 가족 호칭을 다 함께 이야기해 보는 것도 좋습니다.

🍬 동기 유발 활동: 다양한 교과 수업에서 특정 대상을 소개하고 학습 동기를 유발할 때 활용할 수 있습니다.

⋯▸ 역사 수업: 조선 시대를 대표하는 인물들 중에서 친구들에게 소개하고 싶은 인물 고르기

⋯▸ 환경 수업: 생활 속에서 실천할 수 있는 다양한 환경 보호 방법 중에서 자신이 실천할 수 있는 방법 선택하기

가족 수업 고수 되기

스피드 가족 찾기

🎎 **준비물** A4 용지, 필기도구

🐕 **활동 방법**

[가족 호칭 빙고 놀이]

❶ 교사는 학생들에게 A4 용지를 1장씩 나누어 줍니다.

❷ 학생들은 A4 용지를 가로, 세로 3등분하여 접어 9개의 칸을 만들고, 각각의 칸 안에 가족 호칭을 적습니다.

[가족 호칭 카드 놀이]

❶ 짝과 빙고 놀이에서 사용한 종이를 9등분하여 잘라 각각 9장의 가족 호칭 카드를 만듭니다. 그리고 빈 종이 카드를 각자 5장씩 더 만들어 책상 위에 펼쳐 놓습니다. 이때 같은 호칭이 적힌 카드가 있으면 1장은 뺍니다.

❷ 교사가 신호를 할 때까지 학생들은 손을 머리 위로 올리고 기다립니다.

❸ 칸을 모두 채우면 짝과 가위바위보를 해서 놀이 순서를 정합니다.

❹ 가로, 세로, 대각선에 상관없이 3줄 빙고를 먼저 완성하는 사람이 승리합니다.

❸ 교사가 시작 신호를 하고 특정 호칭에 대해 설명하면 해당되는 카드를 집습니다. 먼저 카드를 집는 사람이 해당 카드를 가져갑니다.

❹ 교사가 설명하는 가족 호칭 카드가 없을 때에는 빈 종이 카드에 해당 호칭을 적습니다. 먼저 답을 적는 사람이 그 카드를 가져갑니다.

❺ 놀이가 끝난 후 가족 호칭 카드를 많이 가지고 있는 사람이 승리합니다.

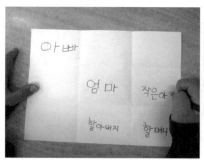
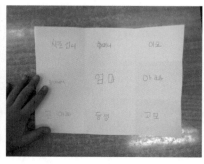
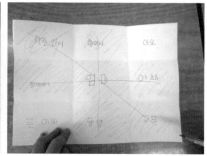

💡 활동을 하기 전에 가족 호칭에 대해 알아보는 시간을 가지면 좋습니다. 예를 들어 '이모'는 '엄마의 언니 또는 여동생' 이라고 설명해 주면 호칭에 대한 이해도를 높일 수 있을뿐더러 활동을 좀 더 원활하게 진행할 수 있습니다.

💡 가족 호칭 카드 놀이는 빙고 놀이가 끝나면 이어서 하는 활동입니다. 따라서 빙고 종이에 적힌 호칭을 표시할 때 그 호칭이 보이도록 표시해야 함을 학생들에게 미리 안내하는 것이 좋습니다.

💡 물리적인 힘으로 카드를 빼앗는 등 놀이가 과열되지 않도록 주의하며 종이를 가져가는 과정에서 서로의 손이 부딪쳐 다치지 않도록 미리 교육합니다.

가족 수업 고수 되기

가족 릴레이

🍩 **준비물** 가족 호칭이 적혀 있는 붙임쪽지, 문제가 적혀 있는 8절 스케치북

🐐 **활동 방법**

❶ 교사가 미리 가족과 친척 호칭을 붙임쪽지에 적어 교실 곳곳에 붙입니다.

❷ 학생들은 4명으로 모둠을 구성하고, 모둠 내에서 출발 순서를 정합니다.

❸ 교사는 각 모둠의 첫 번째 주자들에게 찾을 호칭에 대한 힌트가 적힌 스케치북을 보여 줍니다.

❹ 첫 번째 주자들은 정답이 적힌 붙임쪽지를 찾아 교사에게 확인을 받습니다.

❺ 붙임쪽지에 적힌 호칭이 정답일 경우, 교사는 해당 모둠의 두 번째 주자에게 찾을 호칭에 대한 힌트가 적힌 스케치북을 보여 줍니다. 이때 첫 번째 주자는 정답을 확인받은 붙임쪽지를 교실 안 원하는 장소에 다시 붙여 놓습니다.

❻ 같은 방식으로 활동을 반복하여 마지막 주자가 가장 먼저 정답을 찾는 모둠이 승리합니다.

📝 TIP

💡 가족 호칭을 적은 붙임쪽지는 학생들이 찾기 쉽도록 잘 보이는 곳에 붙이는 것이 좋습니다.

💡 각 모둠의 첫 번째 주자는 동시에 출발할 수 있도록 하고 같은 힌트를 제시합니다. 따라서 첫 번째 주자가 찾는 호칭은 모둠 수만큼 붙임쪽지에 적어 붙여 놓는 것이 좋습니다.

💡 활동 대상이나 상황에 따라 1번 문제만 같게 하고 나머지 문제는 모둠마다 다르게 제시할 수도 있습니다.

💡 교사가 제시할 수 있는 문제와 정답 예시

• 스케치북: 결혼으로 친척이 된 가족　　　　• 붙임쪽지: 이모부, 고모부, 숙모 등

• 스케치북: 외가(어머니) 쪽의 가족　　　　• 붙임쪽지: 외할머니, 외숙모, 이종사촌 등

• 스케치북: 아버지의 여동생과 결혼하신 분　• 붙임쪽지: 고모부

건빵 가족

🎖 **준비물** 건빵, 도화지, 목공용 풀, 색연필, 사인펜, 유성 펜

🐂 활동 방법

❶ 건빵의 구멍 2개를 눈처럼 표현하거나 몸통으로 만들어 가족처럼 꾸밉니다.

❷ 다양한 방법을 활용하여 가족과의 즐거운 한때를 표현해 봅니다. 도화지를 집 모양으로 접고 색연필이나 사인펜 등으로 꾸민 후 건빵 가족을 배치해도 좋습니다.

❸ 완성된 건빵 가족을 친구들에게 소개합니다. 자신이 표현한 가족이 누구인지 친구들이 맞힐 수 있도록 문제를 내는 것도 좋습니다.

㉞ "이분은 외가 쪽 가족이고 성별은 남자야. 그리고 엄마를 낳아 주신 분이기도 해."와 같이 힌트를 주고 '외할아버지'를 맞히게 할 수도 있습니다.

✐ TIP

💡 가족이라는 주제는 민감할 수 있기 때문에 다양한 형태의 가족이 있음을 미리 설명해 주어야 합니다. 반드시 모든 가족 구성원을 그리지 않아도 되며 직계 가족이 아니어도 괜찮다고 말해 학생들이 좀 더 자유롭게 가족의 모습을 표현할 수 있도록 유도합니다. 실제 가족 대신 좋아하는 책이나 만화에 등장하는 가족의 모습을 표현하게 할 수도 있습니다.

💡 집 접는 방법
(1) 도화지의 긴 쪽을 반으로 접습니다.
(2) 도화지 한 귀퉁이를 지붕처럼 접고 반대편도 똑같이 접어 줍니다.
(3) 집이 완성됩니다.

가족 수업 고수 되기

🍫 무럭 보강하기

가족 호칭을 익히는 수업은 자칫 지루한 강의식 수업이 되기 쉽습니다. 다양한 가족의 호칭을 노래로 따라 부르거나 책으로 읽으며 자연스럽게 익힐 수 있다면 얼마나 좋을까요? 더불어 가족에 대한 사랑과 소중함도 느낄 수 있으면 금상첨화일 것입니다. 가족 호칭과 관련된 노래와 책을 소개하니 수업에 적극적으로 활용해 보시길 바랍니다.

💡 가족 호칭에 관련된 노래: 「상어 가족」(핑크퐁, 2016) / 「손가락 가족」(아이코닉스, 2017)

두 노래는 아빠, 엄마, 아기 등 기본적인 가족의 모습을 보여 줍니다. 원곡을 기본으로 하되, 가사를 살짝 바꾸어 다양한 가족 호칭을 익혀 보는 것은 어떨까요? 예를 들어 원래 가사인 아기 상어, 엄마 상어, 아빠 상어 대신에 삼촌 상어, 고모 상어, 숙모 상어 등을 넣거나, 아빠 손가락, 엄마 손가락 대신에 외할머니 손가락, 작은아빠 손가락 등을 넣어 불러 본다면 생소하고 어려운 가족 호칭을 저절로 익히게 될 것입니다.

💡 가족 호칭에 관련된 책: 『우리 가족의 비밀』(아나 만소 글·수사나 델 바뇨 그림·박지영 역)

명탐정이 되어 수수께끼를 푸는 것처럼 우리 가족의 비밀을 찾아 가는 이야기입니다. 이 이야기를 통해 가족 호칭뿐만 아니라 기본적인 촌수의 개념도 익힐 수 있습니다. 북 트레일러 영상도 마련되어 있어서 활용도가 높습니다.

무용담 나누기

선생님 한마디

"어떤 분을 고모라고 부르죠? 가장 좋아하는 가족이 고모일까요?"

친구가 가장 좋아하는 가족을 선생님이 알아맞힐 수 있을까 긴장감 있게 지켜보면서 학생들은 자연스럽게 가족 호칭을 배우게 됩니다.

'스피드 가족 찾기'에서 학생들은 앞서 배운 가족 호칭을 몇 번씩 되뇌며 빙고 칸을 채웁니다. 협동심을 발휘해 가족 호칭을 익히기도 하고, 건빵으로 표현한 가족의 모습을 친구들에게 소개하기도 합니다. 학생들은 놀이를 하듯 즐겁게 수업에 참여하는 동안 가족 호칭에 익숙해져 있습니다.

'가족'은 가르치기 어려운 수업 주제입니다. 가족이라는 말이 경우에 따라서 민감하게 받아들여질 수 있기 때문입니다. 따라서 가족을 주제로 수업을 할 때에는 가족 형태의 다양성을 강조하며 학생들이 상처받지 않도록 세심하게 살펴야 합니다.

수업이 진행될수록 학생들은 가족이나 친척에게 알맞은 호칭을 사용하게 되면서 자신의 가족에 대해 관심을 갖는 모습을 보입니다. 수업 내내 가족의 호칭을 부르며 가족에 대한 사랑도 커지는 것 같습니다. 이번 수업을 통해 학생들이 가족과 자신의 관계에 대해 진지하게 생각해 보고 가족의 소중함을 깨닫게 되기를 바랍니다.

아이들 활동 소감

예빈) 친척 집에 갈 때마다 호칭을 정확히 몰라서 계속 삼촌이라고 불렀는데 이제는 작은아빠라고 불러야겠어요.

민서) 건빵으로 우리 가족을 만들어 친구들에게 소개하면서 퀴즈를 냈어요. "이분은 결혼으로 가족이 된 경우야. 남자이기도 하지."라고 했을 때는 맞히기 어려워했는데 "아빠의 여자 형제와 관련 있는 분이야."라는 힌트를 줬을 때 친구들이 "고모부."라고 단번에 맞혀서 재미있었어요.

가족 수업 고수 되기

재활용 수업 고수 되기

교실 안에 분리수거함이 설치되어 있는데도 학생들은 종종 재활용 쓰레기를 일반 쓰레기와 함께 버리곤 합니다. 이유를 물으면 "이걸 어디에다 버려야 할지 잘 모르겠어요." 라고 대답합니다.

교사는 학생들이 쓰레기를 올바르게 버리고 자원을 재활용할 수 있도록 교육해야 합니다. 하지만 분리배출을 하는 방법이나 분리배출을 해야 하는 이유를 강의식으로 설명하면 지루해하고 흘려듣기 일쑤입니다. 그래서 생각해 낸 방법이 바로 '종이 체인지 마술'과 '분리배출 활동'입니다.

고수의 비법

종이 체인지 마술
종이를 지폐로 바꾸는 마술

준비 난이도 　기술 난이도

함께 하는 무림 활동

스피드 분리배출왕
친구들이 던져 준 종이 뭉치를 분리 항목에 맞게 분리하는 활동

줄줄이 말해요
분리배출 항목에 맞는 쓰레기를 릴레이 형식으로 답하는 모둠 활동

종이 체인지 마술

1

학생들에게 분리배출 종이(종이류, 플라스틱류, 병류, 캔류) 4장을 보여 줍니다.

쓰레기를 분리배출해 본 경험이 있나요? 선생님이 분리배출 항목 4가지를 그림으로 그려서 가져왔습니다. 종이류, 플라스틱류, 병류, 캔류가 있는데요. 쓰레기들을 왜 이렇게 나눌까요? 맞아요, 바로 재활용하기 위해서입니다.

2

분리배출 종이 4장을 겹쳐서 접고 잘 잡습니다.

재활용을 하면 어떤 점이 좋을까요? 재활용을 하면 자연환경을 보호할 수 있어요. 또 자원을 절약하고 쓰레기 처리 비용을 줄이는 등 경제적 이익도 얻을 수 있습니다.

3

구호와 함께 분리배출 종이 4장을 지폐 종이 4장으로 바꿉니다.

다 같이 "분리배출을 하자."라고 외쳐 볼까요? 하나, 둘, 셋! 분리배출을 하자!

4

지폐 종이 4장을 펼쳐 학생들에게 보여 줍니다.

쓰레기 분리배출은 우리 사회에 여러 이익을 가져옵니다. 분리배출을 잘해서 더욱 살기 좋은 세상을 만듭시다.

비법 공개

🔩 **준비물**

체인지 마술 종이(분리배출 종이 3장, 지폐 종이 3장, 트릭 종이 1장)

🐝 도구 만들기

1

체인지 마술 종이를 만들기 위해서는 양면 인쇄된 지폐 종이 4장, 지폐 종이와 크기가 같은 분리배출 종이 4장(플라스틱류, 병류, 종이류, 캔류), 풀이 필요합니다.

2

지폐 종이 4장과 분리배출 종이 4장을 가로로 $\frac{1}{3}$ 정도 접습니다.

3

캔류 분리배출 종이 뒤에 지폐 종이 1장을 붙여 트릭 종이를 만듭니다. $\frac{2}{3}$ 정도 접힌 부분을 사진처럼 겹쳐서 붙입니다. 그러면 붙였을 때 ⟋ 모양이 됩니다.

재활용 수업 고수 되기

🎣 비법 풀이

1

트릭 종이(캔류 분리배출 종이+지폐 종이)의 지폐 면 밑에 지폐 종이 3장을 사진과 같이 접은 상태로 포개어 놓습니다.

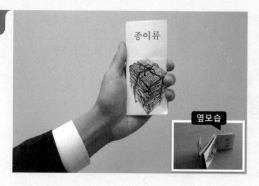

2

트릭 종이의 캔류 면 위에 병류, 플라스틱류, 종이류 종이를 편 상태로 포개어 올려 둡니다. 그러면 뒤편에 지폐 종이 3장이 숨어 있는 형태가 됩니다.

옆모습

3

분리배출 종이(종이류, 플라스틱류, 병류, 캔류)들을 1장씩 학생들에게 보여 줍니다.

4

4장의 분리배출 종이를 포갠 후 미리 접어 둔 선에 맞춰 접습니다.

5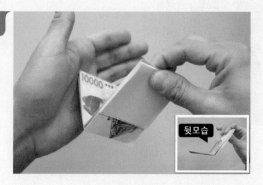

접은 종이의 윗부분을 한꺼번에 손으로 잡습니다.

뒷모습

6

종이를 잡은 손을 아래로 내렸다가 위로 빠르게 올립니다.

7 접힌 부분을 반대 손 손날로 치면 종이가 뒤집히며 지폐 종이가 보입니다.

8 뒤집은 지폐 종이들을 1장씩 천천히 보여 줍니다.

🗺 유의할 점

☑ 지폐 종이는 양면으로 인쇄해야 하며, 이때 분리배출 종이를 지폐의 색과 비슷한 색의 종이로 만들면 좋습니다.

☑ 분리배출 종이를 소개할 때 뒤에 숨겨진 지폐 종이가 보이지 않도록 조심합니다.

☑ 지폐 종이를 펼칠 때 뒤에 숨겨진 분리배출 종이가 보이지 않도록 조심합니다.

☑ 분리배출 종이를 지폐 종이로 바꿀 때 순간적으로 손날로 쳐서 뒤집으면 가시적인 효과를 얻을 수 있습니다.

☑ 빠르게 종이를 뒤집는 것이 중요한 마술이므로 마술을 시연하기 전에 충분히 연습해 두는 것이 좋습니다.

4장의 종이가 다른 모양의 종이 4장으로 바뀌는 마술 원리를 다양한 상황에 맞게 변형하여 활용할 수 있습니다.

🍯 실과 및 미술 교과의 재활용품 관련 수업: 재활용품을 이용하여 물건이나 작품을 만들기 전에 동기를 유발하기 위해 마술을 활용할 수 있습니다.

⋯→ 버려진 종이, 플라스틱, 캔, 병의 사진 → 각 재활용 쓰레기로 만들어진 작품들의 사진

🍯 영어 교과 활동: 현재형 동사들이 과거형 동사들로 바뀌는 모습을 마술로 시연하면서 학습 내용을 안내하거나 확인할 수 있습니다.

🍯 역사 교과 활동: 시대에 따라 유물(유적)의 형태나 특징이 달라지는 모습을 보여 주면서 학습 내용을 안내하거나 확인할 수 있습니다.

⋯→ 구석기 시대의 유물·유적 4가지 → 신석기 시대의 유물·유적 4가지

스피드 분리배출왕

● **준비물** 모둠당 이면지 20장, 필기도구, 바구니 4개(분리배출 항목 표기)

🐂 활동 방법

❶ 한 모둠당 이면지를 20장씩 나눠 줍니다.

❷ 학생들은 이면지 1장에 하나씩 분리배출되는 쓰레기를 적습니다.

❸ 다 적은 종이는 1장씩 뭉쳐서 책상 위에 놓아 둡니다.

❹ 교사는 교실 가운데에 종이류, 캔/고철류, 병류, 플라스틱류를 표기한 바구니 4개를 놓습니다.

❺ 분리 활동을 할 순서를 정한 후, 첫 번째 모둠은 바구니 옆에 섭니다.

❻ 나머지 모둠은 뭉쳐 둔 종이를 바구니 쪽으로 던지고, 분리를 하는 모둠은 종이를 펼쳐 해당되는 바구니에 넣습니다.

❼ 제한 시간 1분이 지난 후 교사는 각 바구니에 바르게 분리된 종이가 몇 장 있는지 확인해서 학생들에게 점수를 알려 줍니다.

❽ 같은 방식으로 모든 모둠이 1번씩 돌아가며 분리 활동을 하고, 점수를 계산하여 점수가 가장 높은 모둠이 승리합니다.

❾ 쓰레기를 어떻게 분리배출해야 하는지 교사가 다시 한번 정리해 줍니다.

📝 TIP

💡 여러 가지 재질이 섞여 있는 물건(예 스프링 공책 등)은 한곳으로 분리가 되지 않으므로 가급적 이런 물건은 제외하도록 합니다. 확실하게 정답을 확인할 수 있도록 교사가 쓰레기의 목록을 주어도 좋습니다.

예

종이류(종이 팩류)	신문지, 책, 공책, 복사지, 종이 팩, (코팅 안 된) 전단지, 종이컵, 우유갑, 종이 상자 등
병류	각종 음료수병, 주류병, 드링크병 등
캔, 고철류	각종 음료수 캔, 식품용 캔, 분유통, 통조림통, 부탄가스통, 살충제 용기, 철사, 못, 철판, 쇠붙이, 알루미늄 캔 등
플라스틱류	각종 음료수병, 액상 조미료병, 요구르트병, 세제 용기, 막걸리통, 물통, 우유통 등

💡 종이를 던질 때 머리나 얼굴을 향해 던지거나 너무 멀리 던지지 않도록 미리 주의를 줍니다.

💡 모둠별로 획득한 점수를 확인할 때에는 다른 모둠이 보지 못하도록 주의합니다. 점수를 확인하는 과정에서 추후 활동할 모둠이 정답을 미리 생각할 수 있습니다.

재활용 수업 고수 되기

줄줄이 말해요

🔵 준비물 스케치북

🐄 활동 방법

① 교사는 스케치북에 종이류, 캔/고철류, 플라스틱류, 병류를 미리 적어 둡니다.

② 교사가 스케치북을 펼치며 분리배출 항목을 제시합니다.

③ 제시한 분리배출 항목에 해당하는 쓰레기가 생각나면 모둠의 이름을 부르며 손을 듭니다.

④ 교사가 제일 먼저 손을 든 학생을 지목하면, 지목받은 학생을 포함한 그 모둠원이 모두 일어나 분리배출 항목에 해당하는 쓰레기를 하나씩 말합니다.

⑤ 3초 안에 정답을 말하지 못하거나 다른 모둠원이 말한 것을 중복하여 말하면 탈락합니다.

⑥ 한 모둠이 성공하지 못하면 다른 모둠이 다시 도전하며, 가장 많이 성공한 모둠이 승리합니다.

✏️ TIP

💡 분리배출에 대해 함께 공부한 후 이 활동을 하면 학생들이 훨씬 더 재미있게 참여할 수 있습니다.

💡 동시에 손을 든 학생들이 많을 경우, 이름 뽑기나 가위바위보를 활용해도 좋습니다.

💡 자리에서 일어난 후에는 모둠원끼리 의논하거나 종이에 적은 내용을 보고 말할 수 없음을 미리 안내합니다.

💡 한 항목으로 분리하기 어려운 쓰레기를 말하면 탈락으로 처리합니다.

💡 상품명이 들어간 쓰레기를 답으로 인정할지 학생들과 상의한 후 활동을 시작하도록 합니다.

💡 똑같은 항목을 반복해도 학생들은 즐겁게 참여하므로 한 항목당 2~3번씩 실시해도 좋습니다.

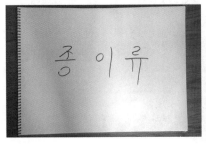

무용담 나누기

선생님 한마디

'종이 체인지 마술'은 "우아!"라는 함성을 받을 만큼 학생들의 호응이 큰 마술 중 하나입니다. 학생들이 예상하지 못하는 순간 순식간에 종이가 지폐로 바뀌어 버리기 때문입니다. 실제로 교실에서 마술을 시연해 본 제가 확신하건대 이 마술은 선생님을 마술사처럼 보이게 하는 마술 같은 마술입니다. 그런데 이 마술을 학생들에게 멋있게 보여 주려면 약간의 연습과 노력이 필요합니다. 종이를 뒤집어 지폐로 바꾸는 부분을 자연스럽게 표현할 수 있다면 누구나 마술사가 되어 박수를 받을 수 있을 것입니다.

'스피드 분리배출왕' 활동을 하며 가장 염려했던 부분은 이면지 사용이 낭비로 비치지 않을까 하는 것이었습니다. 그러나 아이들이 활동 후 종이를 하나하나 모아서 종이함에 넣는 것을 보고 참된 수업의 의미를 다시금 깨달았습니다.

물론 이번 수업이 끝나고 나서 모든 아이들이 바로 분리배출을 잘하게 된 것은 아닙니다. 지금도 저에게 "선생님, 이거 어디에 버려요?" 질문하는 아이들이 많습니다. 그래도 이번 수업을 통해 학생들이 쓰레기도 잘 배출하면 자원이 될 수 있다는 깨우침을 얻었음에 보람을 느낍니다. 이 깨우침이 일상에서 실천의 싹을 틔우는 거름이 될 테니까요.

아이들 활동 소감

정국 〉 이제 정말 스스로 분리배출을 할 수 있을 거 같아요. 주말에 꼭 제가 해 볼게요!

민석 〉 저는 재활용에 대해 배운 것도 좋았지만 종이를 구기고 던지는 게 재밌었어요. 요즘에 시험 때문에 스트레스 많이 받았는데 종이를 던지니까 스트레스가 해소된 것 같아요.

윤아 〉 '줄줄이 말해요' 활동을 할 때 제가 생각하고 있는 것을 앞 친구가 말해서 당황했어요. 그래도 종이류에서 제가 좋아하는 마술 카드를 말한 게 기억에 남아요. 다음에 또 하고 싶어요.

정리 정돈 수업 고수 되기

공동체 생활을 하는 아이들이 갖춰야 하는 덕목 중의 하나가 '질서' 속의 '정리 정돈'입니다. 자신이 사용한 물건과 놀잇감을 스스로 정리하고 주변을 깨끗이 하는 습관은 하루아침에 길러지는 것이 아니라 지속적인 교육을 통해 형성됩니다.

정리 정돈 습관이 몸에 밸 수 있도록 하기 위해서는 지시적이고 강압적인 지도 방법이 아닌 아이들의 흥미를 고려한 놀이 중심의 지도 방법이 필요합니다. 이번 수업을 바탕으로 아이들의 눈높이에서 즐겁게 정리 정돈을 지도해 보는 것은 어떨까요?

고수의 비법

궁금 상자 마술

쓰레기를 넣은 상자에 청소 카드를 넣으니 쓰레기가 사라지는 마술

준비 난이도 　　기술 난이도

함께 하는 무림 활동

쓰레기 치우기 빙고
쓰레기를 먼저 쓰레기통에 비우면 승리하는 빙고 놀이

나만의 청소 도구 만들기
나만의 청소 도구를 만들어 청소를 해 보는 활동

다 함께 종이컵 놀이
종이컵으로 다양한 놀이를 하고 차곡차곡 정리하는 활동

궁금 상자 마술

1

마술 상자를 앞으로 잡고 보여 줍니다.

선생님이 오늘 마술 상자를 들고 왔어요. 여러분은 이 안에 무엇이 들어 있을 것 같아요?

2

마술 상자의 뚜껑(빨간 상자)을 열고 파란색 상자를 보여 줍니다.

마술 상자의 뚜껑을 여니까 파란색 상자가 나왔어요. 이 파란 상자 안에 무엇이 담겨 있을지 생각해 봅시다.

3

파란색 상자 안에 들어 있는 쓰레기를 꺼내서 보여 줍니다.

파란 상자 안에는 우리 교실에 버려져 있던 쓰레기가 들어 있었네요. 이 쓰레기를 어떻게 해야 할까요?

4

마술 상자 안에 쓰레기를 다시 넣고, '청소' 낱말 카드를 상자 안에 넣습니다.

쓰레기를 치우기 위해서는 깨끗하게 청소를 해야겠죠? 선생님이 '청소' 낱말 카드를 상자에 넣을게요.

5

파란색 상자에 빨간색 뚜껑을 덮어 줍니다.

다시 뚜껑을 덮습니다. 다 같이 주문을 외워 주세요. 쓰레기야 사라져라 얍!

6 마술 상자의 뚜껑을 다시 열어 상자 안을 보여 줍니다.

여러분이 주문을 외우니까 상자 안에 있던 쓰레기가 모두 깨끗이 청소가 되었습니다!

마술을 부리듯 늘 주변을 깨끗하게 청소하고 정돈하는 여러분이 되었으면 좋겠습니다.

비법 공개

🎡 준비물

마술 상자, 종이 쓰레기, '청소' 낱말 카드

청소

🐝 도구 만들기

1 마술 상자를 만들기 위해서는 머메이드지, 마술 상자 도안, 접착 부직포(2가지 색), 반짝이 접착 띠가 필요합니다.

2 밑 상자 만들기

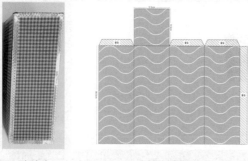

밑 상자   밑 상자 바깥쪽   밑 상자 안쪽

- 상자 안쪽은 검은색 종이를 붙여 만듭니다.
- 가로 11.5cm, 세로 30.5cm의 직육면체 4개와 한 변이 11.5cm인 정사각형으로 이루어진 전개
  도입니다.

3 뚜껑 상자 만들기

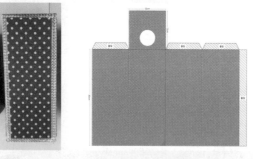

뚜껑 상자   뚜껑 상자 바깥쪽   뚜껑 상자 안쪽

- 상자 안쪽은 검은색 종이를 붙여 만듭니다.
- 가로 12cm, 세로 30cm의 직육면체 4개와 한 변이 12cm인 정사각형으로 이루어진 전개도입
  니다. 뚜껑 윗부분에는 손가락이 들어갈 수 있는 지름 3cm의 구멍을 뚫습니다.

4 속 상자 만들기

- 양면이 모두 검은색인 종이로 만듭니다.
- 비스듬한 사다리꼴 모양의 상자로 만듭니다. 상
  자를 사다리꼴 모양으로 만들어 넣으면 마술을
  시연할 때 상자를 꺼내기가 쉽습니다.

5 접착 부직포와 접착 띠로 밑 상자와 뚜껑 상자를 꾸며 줍니다.

⚡️ 비법 풀이

1

마술 상자는 밑 상자 안에 속 상자를 하나 더 숨길 수 있도록 만들어졌습니다.

2
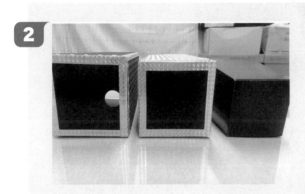
뚜껑 상자에는 손가락을 넣을 수 있는 작은 구멍이 있습니다.

3

①번 상자(밑 상자)에 ②번 상자(속 상자)를 끼워 넣고 그 안에 종이 쓰레기를 넣은 뒤, ③번 상자(뚜껑 상자)를 덮습니다.

4 뚜껑 상자를 열어 학생들에게 종이 쓰레기를 보여 준 후 '청소' 낱말 카드를 함께 넣고 다시 뚜껑 상자를 덮습니다.

5 주문을 외친 후 뚜껑을 열 때, 뚜껑 상자 위의 구멍에 손가락을 넣어 속 상자를 함께 잡습니다. 그러면 뚜껑 상자와 속 상자가 함께 나옵니다.

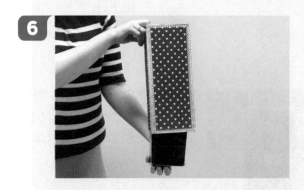

6 뚜껑 상자 안에 들어 있는 속 상자가 보이지 않도록 책상에 조심히 내려놓습니다.

7 쓰레기가 들어 있는 속 상자가 사라졌기 때문에 밑 상자에는 아무것도 없게 됩니다.

📖 유의할 점

- ☑ 마술 상자는 마술 도구를 판매하는 곳에서 구입할 수 있습니다. 인터넷에서 '숫자 마술통'으로 검색하시면 찾을 수 있습니다.
- ☑ 속 상자를 밑 상자에 깊숙이 넣으면 뚜껑을 열 때 같이 뺄 수가 없습니다. 속 상자에 손가락이 닿아서 뚜껑 상자와 함께 뺄 수 있도록 위쪽 부분에 넣어 줍니다.
- ☑ 속 상자에는 너무 무거운 물건을 넣지 않는 것이 좋습니다.
- ☑ 뚜껑 상자를 내려놓을 때 안에 있던 속 상자가 떨어지면서 소리가 날 수 있습니다. 뚜껑 상자를 조심스럽게 내려놓거나 학생들에게 보이지 않게 책상 밑으로 치우는 것이 좋습니다.

이 마술 도구는 '나타나기', '사라지기', '바뀌기'의 3가지 마술 기법을 활용할 수 있습니다.

앞서 시연된 마술은 '사라지기' 기법을 활용하였습니다.

- 🔮 도입에서 수업 주제 제시: 주제와 관련된 실물 및 그림 자료를 밑 상자에 미리 숨겨 놓고 아무것도 없던 상자에서 수업 주제가 나타나도록 함으로써 동기 유발을 할 수 있습니다. (나타나기)

- 🔮 언어 교육에 활용: 자음과 모음의 결합 원리, 음절 및 음소 변별은 아이들에게 교육하기 매우 어렵습니다. 하지만 마술 상자를 활용하면 재미있게 수업할 수 있습니다.

- ⋯ '가', '방'의 음절 카드를 상자 속에 넣고 무엇이 될까 이야기한 다음 '가방'이라는 낱말 카드가 완성되어 나타나는 기법을 활용하면 재미있고 쉽게 학습할 수 있습니다. (바뀌기)

정리 정돈 수업 고수 되기

쓰레기 치우기 빙고

🏵 **준비물** 빙고 판(우드락) 2개, 쓰레기 카드(9종) 2세트, 쓰레기통 판 2개

🐂 **활동 방법**

❶ 2~6명의 소그룹으로 활동할 수 있습니다. (개인 또는 두 팀으로 나누어 활동)

❷ 빙고 판에 쓰레기 카드 9장을 붙인 후, 가위바위보를 하여 놀이 순서를 정합니다.

❸ 정해진 순서대로 각자 쓰레기통에 버리고자 하는 쓰레기를 말하고 쓰레기통 판에 붙입니다.

❹ 친구가 말한 쓰레기를 다른 친구도 쓰레기통 판에 붙입니다.

❺ 가로, 세로, 대각선으로 살펴보았을 때 3개의 쓰레기가 없어지면 "빙고."라고 외칩니다.

❻ '빙고'를 3번 먼저 외친 사람(팀)이 승리합니다.

📖 **TIP**

💡 '빙고'인데도 알아차리지 못해서 외치지 못하는 학생이 없도록 사전에 놀이 규칙을 자세히 설명하여 줍니다.

💡 놀이 중에 빙고 판이 서로에게 보이지 않도록 주의합니다.

💡 학생들이 직접 빙고 판과 카드를 만들어 놀이할 수 있습니다.

💡 나무나 꽃과 같은 예쁜 그림을 배경으로 하여 빙고 판을 만들면 쓰레기가 치워지고 난 후의 모습에 대해서도 이야기를 나눌 수 있습니다.

💡 활동이 끝나고 쓰레기 줍기를 실천해 보도록 지도합니다.

* 「키드 키즈」(www. Kidkids.net)의 '쓰레기 치우기 빙고 게임'을 참고하여 만든 활동입니다.

나만의 청소 도구 만들기

🔘 **준비물** 비닐 노끈, 막대(수수깡), 모루, 가위, 빵 끈, 고무줄

🐄 **활동 방법**

① 비닐 노끈을 20cm 정도씩 여러 개 자른 뒤 고무줄로 묶어 줍니다.

② 비닐 노끈을 여러 갈래로 찢습니다.

③ 수수깡 또는 막대를 다양한 색깔의 모루로 꾸며 줍니다.

④ 막대와 비닐 노끈을 빵 끈으로 연결하면 나만의 청소 도구가 완성됩니다.

⑤ 청소 구역을 나눈 후, 나만의 청소 도구를 사용하여 모둠별로 맡은 구역을 깨끗하게 청소합니다.

📝 **TIP**

💡 비닐 노끈과 막대를 튼튼하게 연결하기 위해 빵 끈으로 여러 번 묶도록 안내합니다. 아이들이 빵 끈으로 묶는 것에 서툴 수 있으므로 교사가 도와줍니다.

💡 정리 시간에 자신이 만든 청소 도구로 직접 청소를 하면서 청소에 대한 흥미를 높일 수 있도록 지도합니다.

다 함께 종이컵 놀이

🎖 **준비물** 다양한 색깔의 종이컵

🐐 **활동 방법**

❶ 종이컵으로 할 수 있는 놀이에 대해 이야기를 나눕니다.

　　㉎ 친구 몸 만들어 주기, 탑 쌓기 등

❷ 모둠별로 친구 몸 만들기, 탑 쌓기 등의 재미있는 활동을 합니다.

❸ 활동이 끝나면 서로 협력하여 종이컵을 제자리에 정리합니다.

✏️ **TIP**

💡 다양한 모양(★, □, ♡ 등)을 제시해 주고 친구들과 협동하여 해당 모양을 만들게 할 수 있습니다.

💡 빨강, 파랑 등의 색이름으로 모둠명을 정하고, 모둠명과 같은 색의 종이컵을 모으게 할 수 있습니다.

💡 종이컵에 여러 가지 미션(㉎ 정리 정돈하기, 식사 후 양치하기 등)을 적고 모둠별로 같은 미션이 적힌 종이컵을 찾아 정리하는 활동도 가능합니다.

무용담 나누기

선생님 한마디

아직 기본 생활 습관이 제대로 형성되지 않아서 놀이를 한 후 자신이 놀이했던 물건을 스스로 정리하기 힘들어하는 아이들이 있습니다. 이러한 경우 정리 정돈하는 습관의 필요성을 분명히 알려 주고 실생활에서 꾸준히 실천할 수 있도록 지도해야 합니다.

이번 수업에서 제시한 활동들은 아이들에게 정리 정돈의 필요성을 인식시키는 데 초점이 맞추어져 있습니다. 저는 아이들과 놀이를 한 후 신나는 음악을 들으며 함께 정리하고, 정리 정돈을 하기 전과 한 후의 모습을 비교함으로써 힘을 합쳐 정리했을 때의 뿌듯함과 즐거움을 느낄 수 있도록 했습니다. 그 결과 정리하는 것을 귀찮아하고 정리 시간이 되면 도망치기 바빴던 아이들도 서서히 정리 정돈하는 데 힘을 보태기 시작했습니다. 또 "선생님, 제가 마술 보여 드릴게요." 하면서 순식간에 주변을 정돈하여 저를 놀라게 하기도 했습니다.

아이들에게 기본 생활 습관을 가르치고 익히게 하는 것은 쉬운 일이 아닙니다. 하지만 다양한 놀이와 활동을 통해 일상생활에서 지속적으로 지도하면 아이들도 그 필요성을 깨닫고 습관화합니다. 따라서 잘하지 못하는 행동을 다그쳐서 하게 하는 것이 아니라 아이들 스스로 놀이를 통해 그 필요성을 알고 자발적으로 행동할 수 있도록 환경을 마련해 주어야 합니다.

아이들 활동 소감

도연　선생님, 저도 마술 보여 줄게요. (얼른 쓰레기를 치운 후) 여기 보세요. 제가 쓰레기를 다 청소했어요.

현서　놀이터에 쓰레기가 많이 떨어져 있어요. 선생님, 빙고 놀이처럼 우리 쓰레기를 주워서 쓰레기통에 넣어요!

우진　내가 만든 청소 도구로 내 방도 청소할거예요.

서연　종이컵 사람이 나타났어요! 친구들과 게임처럼 정리하니까 정말 재미있어요. 선생님 또 하고 싶어요.

정리 정돈 수업 고수 되기

식중독 예방 수업 고수 되기

무더위가 찾아오면 아이들은 산과 바다로 떠날 마음에 들뜹니다. 하지만 온도와 습도가 높은 여름철에는 세균이 번식하기 쉽습니다. 특히 식중독균이 많아져 음식으로 인한 식중독 사고가 많이 발생합니다. 따라서 여름은 다른 계절보다 개인위생과 식품 위생 관리에 각별한 주의를 기울여야 합니다. 특히 면역력이 약한 아이들이 식중독에 걸리지 않도록 식중독 예방 교육을 하는 것이 필요합니다.

우리 아이들이 여름을 안전하게 보낼 수 있도록 식중독 예방법을 마술과 함께 교육해 보는 건 어떨까요? 눈은 번쩍, 머리엔 쏙쏙 들어오는 마술 수업으로 아이들과 즐겁게 안전 교육을 실시해 보세요.

고수의 비법

선택 카드 체인지 마술
들고 있던 카드가 다른 카드로 바뀌는 마술

준비 난이도 　기술 난이도

함께 하는 무림 활동

세균을 잡아라
퍼즐을 뒤집어 손 씻기 순서를 알아보는 활동

식중독 얼음땡
식중독 예방 카드를 들고 하는 얼음땡 놀이

비누 거품 그림
비누 거품으로 종이 티셔츠에 그림을 그리는 활동

선택 카드 체인지 마술

비법 시연

1

3장의 카드를 겹쳐서 잡고 학생들에게 보여 줍니다.

선생님이 식중독에 관련된 3가지 카드를 준비했어요. 어떤 카드인지 다 함께 살펴볼까요?

2

카드를 1장씩 보며 이야기를 나눕니다.

첫 번째 카드는 '익혀 먹기' 카드예요. 식중독을 예방하는 방법이지요. 두 번째 카드는 '병균이' 카드예요. 우리 몸에 들어와 우리를 아프게 하지요. 세 번째 카드는 '끓여 먹기' 카드예요. 식중독을 예방하는 방법이에요.

3

카드를 모두 뒤집은 후, 가운데 카드를 위로 빼서 뒷면이 보이도록 칠판에 붙입니다.

이 3가지 카드 중에서 우리 몸을 아프게 하는 카드는 몇 번째 카드였지요? 맞아요, 가운데 카드를 선생님이 칠판에 붙일게요.

4

나머지 2장의 카드는 다시 뒤집어서 이상이 없음을 확인합니다.

나머지 카드가 '익혀 먹기'와 '끓여 먹기'인 걸 보니 가운데 카드를 잘 뽑았네요.

5

주문을 외운 뒤 칠판에 붙인 가운데 카드를 뒤집습니다.

가운데 카드는 '병균이' 카드였어요. 다 같이 주문을 외워 볼까요? 병균아 없어져라, 얍! 주문을 외었더니 '병균이' 카드가 손 씻기 카드로 바뀌었어요.

가운데 있던 '병균이' 카드가 '손 씻기' 카드로 바뀐 것을 확인합니다.

병균을 없애고 식중독을 예방하는 3가지 방법에는 '익혀 먹기, 끓여 먹기, 손 씻기'가 있답니다. 여러분 모두 이 3가지 방법을 잘 지켜서 건강하게 여름을 보내길 바랍니다.

🌀 준비물

체인지 마술 카드

🪄 도구 만들기

체인지 마술 카드를 만들기 위해서는 '식중독 예방 3대 요령'이 인쇄된 종이(익혀 먹기, 끓여 먹기, 손 씻기) 3장, '병균이' 그림이 들어간 종이 1장, 코팅지, 자 , 칼, 투명 테이프, 연필이 필요합니다.

2

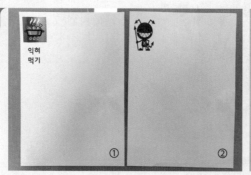

앞장

뒷장

인쇄된 종이 4장을 준비합니다. 뒷장에는 동일한 그림이 들어가도록 합니다.
①번과 ②번 카드는 겹쳤을 때 내용이 보일 수 있도록 종이의 왼쪽 상단에 그림이나 글씨를 배치
해야 합니다.

3

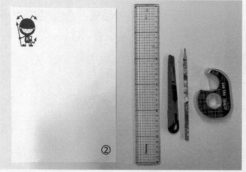

②번 카드에 위 8cm, 아래 5cm 정도 간격을 두고 밑그림을 그린 후, 사진처럼 선을 따라 잘라 줍
니다. 그리고 4장의 카드를 모두 코팅합니다.

 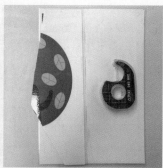 

테이프를 이용하여 ①번 카드에 ②번 카드를 붙여 줍니다. 이때 ②번 카드를 뒤집어서 뒤쪽으로 테이프를 붙여 줍니다.

①번과 ②번이 붙어 있는 카드에 ③번 카드를 끼워 넣습니다. 그 위로 ④번 카드를 올리면 체인지 마술 카드가 완성됩니다.

🎉 비법 풀이

이 카드는 3장처럼 보이지만 가운데 카드에 비밀이 숨겨져 있습니다.

가운데 카드 안에 '손 씻기' 카드를 미리 숨겨 놓습니다.

세팅된 카드 위에 '끓여 먹기' 카드를 올려놓아 카드가 숨겨진 것을 가립니다.

뒤집어서 가운데 카드를 꺼낼 때, 그 사이에 숨겨져 있는 '손 씻기' 카드를 꺼내 칠판에 붙입니다.

5 다시 앞면을 보여 줄 때 '병균이' 부분이 보이지 않도록 '끓여 먹기' 카드로 잘 가린 후 뒤집어 보여 줍니다.

6 칠판에 붙인 카드를 뒤집어 '병균이' 카드가 '손 씻기' 카드로 바뀌었음을 확인합니다.

📖 유의할 점

☑ 카드를 준비할 때 뒷면을 모두 같은 모양으로 만들어야 마술의 효과를 높일 수 있습니다.

☑ 뽑은 카드를 봉투에 넣어 학생들에게 준 후, 주문을 외우며 함께 공개하는 것도 좋습니다.

비법 응용

🐚 다양한 교과 활동: 간단한 개념, 원리 등을 짧고 명료하게 나타낼 수 있습니다.

⋯ 수학: 5, +, 3 카드를 보여 준 후, + 카드가 8로 바뀌는 것을 통해 덧셈을 설명할 수 있습니다.

⋯ 국어: ㅂ, +, ㅐ 카드를 보여 준 후, +가 배로 바뀌는 것을 통해 자음과 모음의 결합을 설명할 수 있습니다.

                                                      식중독 예방 수업 고수 되기

세균을 잡아라

🌀 **준비물** 깨끗한 손 3개와 더러운 손 3개가 그려진 주사위(하드보드지에 인쇄된 종이를 붙여 단단하게 만듦.), 깨끗한 손이 그려진 퍼즐 판(A4 사이즈의 EVA 판에 깨끗한 손이 인쇄된 종이를 코팅하여 붙임.), 더러운 손이 그려진 퍼즐 조각 9개(퍼즐 조각 뒷면에 손 씻는 순서 그림), 손 씻기 순서 판 2개(EVA를 길게 잘라, 손 씻는 순서 그림을 놓을 수 있도록 칸을 나누어 제작함.)

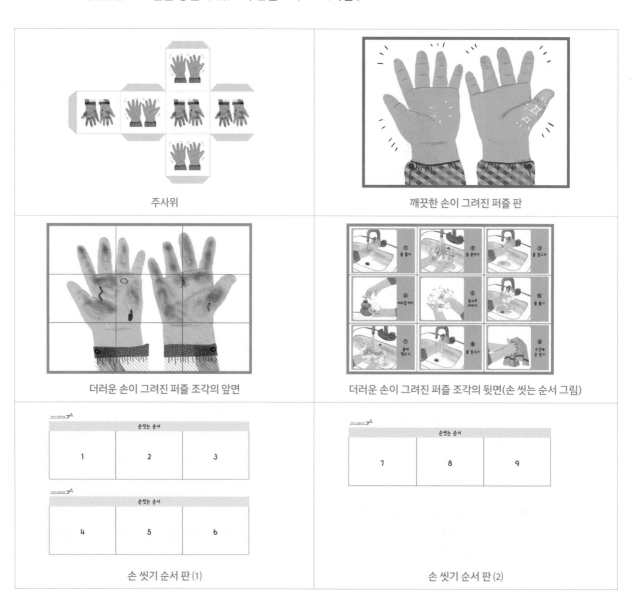

주사위

깨끗한 손이 그려진 퍼즐 판

더러운 손이 그려진 퍼즐 조각의 앞면

더러운 손이 그려진 퍼즐 조각의 뒷면(손 씻는 순서 그림)

손 씻기 순서 판 (1)

손 씻기 순서 판 (2)

🐾 활동 방법

① 2~4명 정도를 한 모둠으로 나누어 활동을 합니다.

② 모둠별로 깨끗한 손이 그려진 퍼즐 판 위에 더러운 손이 그려진 퍼즐 조각 9개를 놓습니다. 그리고 손 씻기 순서 판을 놓습니다.

③ 순서대로 주사위를 던져 깨끗한 손 그림이 나오면 퍼즐 조각 1개를 뒤집어 뒷면의 그림을 보고 손 씻기 순서 판에 놓습니다. 더러운 손 그림이 나오면 1번 쉽니다.

④ 손 씻기 순서 판에 순서대로 그림을 모두 놓으면 깨끗한 손 그림이 나오면서 놀이가 끝납니다.

✏️ TIP

💡 손 씻는 방법과 손 씻기 순서에 대해 충분히 이야기를 나눈 후 활동을 하면 좋습니다. 손 씻는 순서는 '물 틀기, 물 묻히기, 물 잠그기, 비누칠하기, 골고루 비비기, 물 틀기, 물에 헹구기, 물 잠그기, 수건에 손 닦기'입니다.

💡 학생들이 놀이의 규칙을 잘 지킬 수 있도록 규칙에 대해 구체적으로 안내합니다.

💡 활동 내용이 실생활과 연계될 수 있도록 활동 후 손 씻기 순서대로 손을 씻어 보도록 합니다.

＊ 교육부의 『누리 과정 교사용 지도서』 중 「4세 건강과 안전」을 참고하여 만든 활동입니다.

식중독 예방 수업 고수 되기

함께 하는 무림 활동

식중독 얼음땡

🍱 **준비물** '병균이' 머리띠, 식중독 예방 카드(익혀 먹기, 끓여 먹기, 손 씻기)

🐾 **활동 방법**

❶ 가위바위보를 하여 술래를 정합니다. 술래는 '병균이' 머리띠를 합니다.

❷ 나머지 학생들은 식중독 예방 카드를 하나씩 나누어 갖습니다.

❸ 병균이(술래)가 학생들을 잡으러 가까이 가면 식중독 예방 카드를 든 학생들은 제자리에 멈춰서 카드를 들고 식중독 예방 방법을 외칩니다.

❹ 병균이(술래)는 카드를 든 학생을 잡을 수 없습니다. 예 '손 씻기' 카드를 든 학생이 카드를 들고 "손 씻기."라고 외치면 술래는 잡을 수 없습니다.

❺ 다른 학생들이 "땡!"이라고 외치며 카드를 들고 서 있는 학생을 터치하면 그 학생은 다시 움직일 수 있습니다.

❻ 술래를 바꿔 가면서 놀이를 반복합니다.

📝 **TIP**

💡 교실에서 활동을 할 경우 공간이 협소하므로 5~7명으로 활동을 진행합니다.

💡 활동에 참여하는 학생 수에 따라 중복으로 카드를 나누어 가질 수 있습니다.

💡 식중독 예방 방법에 대해 다시 한번 이야기를 나눈 후 놀이를 하면 좋습니다.

💡 학생들이 제자리에 멈출 때 식중독 예방 방법을 크게 외칠 수 있게 지도합니다.

💡 '땡'을 해 줄 때 다른 학생을 너무 세게 치거나 밀치지 않도록 사전에 안전 지도를 합니다.

비누 거품 그림

💿 **준비물** 거품 물감, 큰 비닐, 종이 티셔츠(티셔츠 모양으로 오린 흰 도화지), 집게, 미술 가운(방수 앞치마)

🐂 **활동 방법**

① 비누를 사용해 본 경험에 대해 이야기를 나눕니다.

② 거품 물감을 다양한 방법(예 불어 보기, 비벼 보기 등)으로 탐색합니다.

③ 여러 가지 색의 거품 물감을 손에 묻혀 종이 티셔츠 위에 그림을 그립니다.

④ 종이 티셔츠 그림을 집게로 고정하여 말립니다.

⑤ 그림이 다 마르면 교사는 학생들의 작품을 교실에 게시합니다.

⑥ 물감이 묻은 손을 비누로 깨끗이 씻으며 손 씻는 방법을 실천합니다.

📝 **TIP**

💡 활동 내용을 가정에 미리 안내하여 더럽혀져도 괜찮은 옷을 입고 오게 합니다.

💡 활동을 하기 전에 거품 물감이 입이나 눈에 들어가지 않도록 주의를 줍니다.

💡 옷 모양, 양말 모양, 손 모양 등 생활 주제에 맞게 다양한 모양의 종이로 활동할 수 있습니다.
　예 생활 주제 '여름'에 맞춰 '여름 티셔츠 꾸미기' 활동하기

식중독 예방 수업 고수 되기

선생님 한마디

  아이들은 안전사고에 많이 노출되는 만큼 지속적이고 체계적인 안전 교육이 필요합니다. 그러나 아이들에게 주입식 안전 교육은 단순히 '하지 말라'는 잔소리로 느껴질 수 있습니다. 이제 안전 교육도 아이의 흥미를 자극할 수 있는 놀이로 진행되어야 합니다. 이것이 '선택 카드 체인지 마술'을 식중독 예방 교육에 활용한 이유입니다.

  식중독 예방법에 대한 마술 수업을 하고 관련 활동들을 진행하면서 아이들이 즐거워함은 물론 수업 효과도 매우 높다는 것을 느낄 수 있었습니다. 수업이 끝나고도 아이들은 계속 식중독 예방법에 대해 이야기를 나누고 싶어 했고, 이런저런 질문을 던지기도 했습니다. 또 제가 손을 씻을 때 옆에 와서 손 씻기 방법을 가르쳐 주기도 하고 친구들끼리 서로 손 씻는 과정을 잘 지키는지 살펴보기도 했습니다. 이런 모습들을 보면서 아이들이 흥미를 가지고 적극적으로 활동에 참여했을 때, 그리고 이 수업을 일회성으로 끝내는 것이 아니라 일상생활과 지속적으로 연결시킬 때 교육이 내면화된다는 것을 다시금 깨달았습니다. 우리 아이들이 생활 속에서 스스로 식중독 예방법을 실천하고 있습니다. 이것이 교육의 참모습이 아닐까 생각합니다.

아이들 활동 소감

은수) 아프지 않으려면 손을 깨끗이 씻어야 해요. 이제 손을 깨끗이 씻어 병균이를 다 없애 버릴 거예요!

도영) 얼음땡 놀이로 배우니까 식중독 예방 방법이 머리에 쏙쏙 들어와요.

우연) 손 씻는 방법이 이렇게 많은 줄 몰랐어요. 친구들아, 우리 이 방법대로 손을 씻어 보자!

다정) 선생님 이것 좀 보세요! 제 손이 온통 거품투성이에요.
이제 비누로 손을 깨끗이 씻을 거예요.

역사 위인 수업 고수 되기

'위인'이란 말 그대로 위대한 일을 한 사람, 훌륭하고 뛰어난 사람을 뜻합니다. 이들은 수많은 역경과 힘든 상황을 겪으면서도 자신의 꿈을 위해, 또는 인류를 위해 끊임없이 도전한 사람입니다.

이번 수업에서는 위인들의 삶과 이야기를 바탕으로 역사적 사건과 흐름을 배웁니다. 다양한 활동을 통해 학생들은 역사 속 인물들과 자연스럽게 만나고 그들의 후손으로서 우리가 꼭 기억해야 할 역사적 장면들을 하나하나 머릿속에 담게 될 것입니다.

고수의 비법

위인 카드 마술
학생이 고른 위인 카드를 찾아내는 마술

준비 난이도 　기술 난이도

함께 하는 무림 활동

스피드 위인 퀴즈
모둠별로 위인에 대해 설명하고 맞히는 스피드 퀴즈 놀이

함께 만드는 위인 카드 판
모둠원이 협동하여 위인과 관계된 낱말들로 위인 카드 판을 채우고 발표하는 활동

4장 마커 놀이
카드를 바꿔 가며 카드 4장의 색깔을 일치시키고 "마커."라고 외치는 놀이

위인 카드 마술

비법 시연

1

학생들에게 위인 카드를 여러 장 보여 줍니다.

오늘은 우리나라 역사 속에서 수많은 역경과 힘든 상황을 겪으면서도 자신의 꿈을 위해, 또는 인류를 위해 끊임없이 도전한 위인들을 모셔 왔습니다.

2

한 학생에게 좋아하는 위인 카드를 1장 선택해 달라고 합니다. 이때 직접 카드를 뽑지 않고 손가락으로 위치만 가리키도록 안내합니다.

여러 위인들 중 좀 더 알고 싶거나 마음에 드는 위인 1명을 골라 손가락으로 가리켜 주세요.

3

카드를 꺼내 보여 주며 카드의 모양과 색깔, 그리고 그 카드에 적힌 위인의 이름을 잘 기억해 달라고 당부합니다. 이때 교사는 카드를 보지 않습니다.

저는 카드를 보지 않겠습니다. 대신에 여러분이 이 카드에 적힌 위인의 이름을 잘 기억해 주세요. 카드의 모양이나 색을 기억해도 좋습니다.

4

선택한 카드를 학생에게 건넵니다.

카드를 잘 기억했나요? 이제 이 카드를 ○○(이)에게 줄게요.

5

카드를 들고 있는 학생에게 다시 카드를 위인 카드 묶음 속에 넣으라고 말합니다.

그 위인 카드를 선생님이 들고 있는 카드 묶음 속에 넣어 주세요. 아무 곳이나 괜찮습니다.

6

카드를 잘 섞습니다.

이제 이 카드들을 잘 섞겠습니다. ○○(이)가 선택한 위인 카드 1장은 카드 묶음 속 어딘가에 있겠죠?

7

학생이 선택한 카드 속 위인의 역사적 이야기를 들려주며 선택한 카드를 찾아냅니다.

○○(이)가 선택한 위인 카드는 바로, 일제 강점기의 독립운동가로서 아우내 장터에서 군중에게 태극기를 나눠 주는 등 만세 시위를 주도하다가 체포되어 서대문 형무소에서 순국하신 유관순 열사입니다. 맞나요?

이번 수업에서는 유관순 열사뿐만 아니라 수많은 역경과 힘든 상황을 겪으면서도 자신의 꿈 또는 인류를 위하여 끊임없이 도전한 위인들의 삶에 대해 알아보는 활동들을 하겠습니다.

😊 준비물

위인 카드(직접 제작하거나 인물 카드를 활용할 수 있음.)

🎴 비법 풀이

이 마술은 카드 그림의 위아래 위치를 확인하면 손쉽게 학생이 선택한 카드를 찾아낼 수 있는 마술입니다.

1

학생에게 마음에 드는 카드를 1장 고르고 그 카드에 적힌 위인의 이름(또는 카드의 모양)을 잘 기억해 달라고 당부합니다.

2

카드를 학생에게 건네줄 때는 사진처럼 카드 윗부분을 잡고 카드의 위아래가 바뀌도록 180° 돌리면서 줍니다.

3

학생이 교사로부터 카드를 받으면 카드는 위아래가 180° 뒤집어진 상태가 됩니다.

4

교사가 들고 있는 카드 묶음 속에 카드를 다시 넣을 때에는 교사가 준 방향 그대로 넣도록 안내합니다.

5

카드 묶음 중에 학생이 고른 카드 1장만 뒤집어져 있게 됩니다.

6

카드 묶음 속에서 뒤집힌 카드 1장을 찾은 뒤, 그 위인과 관련한 역사적 이야기를 들려주며 학생이 선택한 카드가 맞는지 확인합니다.

📖 유의할 점

☑ 처음 여러 장의 위인 카드를 학생에게 보여 주고 나서 원하는 카드를 선택하도록 할 때, 학생이 선택한 카드를 곧바로 뽑아서 가져가지 않도록 주의합니다. 교사가 학생에게 카드를 줄 때 카드의 위아래가 바뀌도록 주어야 나중에 카드를 손쉽게 찾을 수 있기 때문입니다.

☑ 학생이 고른 카드를 찾을 때 그 위인과 관련한 이야기나 사건 등을 말하면서 알아맞히면 학습에 도움이 될 뿐만 아니라 마술적 재미를 높일 수 있습니다.

비법 응용

🗝 다양한 교과 활동: 여러 가지 용어나 개념을 학습해야 할 경우 학습 동기를 유발하는 데 활용할 수 있습니다.

⋯ 국어 교과: 소리나 모양을 흉내 내는 말로 카드를 만들어 마술을 시연한 후, 학생이 선택한 말로 문장 만들어 보기

🗝 학생 상담 활동: 감정 또는 마음 카드를 활용하여 학생과 신뢰감 및 친밀감을 형성할 수 있습니다. 현재의 감정을 표현한 카드를 찾게 한 후 그것을 맞히면서 상담을 이어 나가면 좀 더 쉽게 학생의 마음을 들여다볼 수 있습니다.

스피드 위인 퀴즈

🥁 **준비물** 위인 카드 그림 또는 위인의 이름이 적힌 종이, 프로젝션 텔레비전

🐂 **활동 방법**

❶ 학생들에게 위인에 대해 미리 공부할 시간을 줍니다.

❷ 프로젝션 텔레비전 앞에 모둠의 인원수보다 1개 부족하게 의자를 놓습니다.
⑩ 모둠 인원이 4명일 경우 의자를 3개 놓습니다.

❸ 모둠원끼리 문제를 낼 순서를 정한 후, 첫 번째로 문제를 낼 학생은 텔레비전을 보며 서고 나머지 학생들은 텔레비전을 등진 채 의자에 앉습니다.

❹ 교사의 시작 신호와 함께 2분 동안 10개의 위인 퀴즈를 내고 풉니다. 단, 문제를 내는 학생은 위인의 이름을 직접적으로 말할 수 없습니다.

❺ 정답을 맞히거나 답을 몰라서 통과를 할 경우, 문제를 낸 학생은 의자에 앉고 다음 순서의 학생이 앞으로 나와서 문제를 냅니다. 나머지 학생들은 옆으로 1칸씩 이동합니다.

❻ 제한 시간 동안 가장 많은 문제를 맞힌 모둠이 승리합니다.

✍ **TIP**

💡 활동이 끝난 후 문제로 나온 내용을 다시 한번 확인하는 시간을 가지면 좋습니다.

모둠 이름	정답 수
고조선	7
고구려	8
백 제	7
신 라	8
고 려	10
조 선	9

함께 만드는 위인 카드 판

🔵 **준비물** 3×3의 위인 카드 판, 필기도구

🐂 **활동 방법** 활동지 328쪽

❶ 모둠별로 3×3의 위인 카드 판을 준비합니다.

❷ 정가운데 칸에 교사가 불러 주는 위인의 이름을 적습니다.

❸ 모둠원끼리 협동하여 해당 위인과 관련된 낱말(예 사건, 업적, 이야기 등)을 빈칸에 작성합니다.

❹ 함께 만든 위인 카드 판을 보며 위인에 대해 발표합니다.

📝 **TIP**

💡 인물과 관련한 책을 미리 읽어 오게 한 후 활동하면 더욱 좋습니다.

💡 학생들이 충분한 시간을 갖고 서로 이야기를 나누며 활동할 수 있도록 합니다.

💡 처음에는 모둠별로 모두 같은 위인에 대해 활동하고, 그다음에는 각 모둠별로 다른 위인을 제시하여 빈칸을 채우도록 지도합니다.

💡 모둠별로 다른 위인을 다룰 때에는 가운데 칸을 비워 두고 발표를 할 수도 있습니다. 발표자의 설명을 듣고 나머지 학생들이 위인의 이름을 유추하는 놀이로 변형이 가능합니다.

4장 마커 놀이

🎯 **준비물** 위인 카드 50장 내외, 마커(모둠당 놀이 참가자 수보다 1개 적은 수)

🐂 활동 방법

❶ 놀이에 참여하는 사람 수보다 1개 적은 수의 마커를 책상 위에 올려놓습니다.

❷ 첫 번째 놀이 참가자가 한 사람당 4장씩 카드를 나누어 줍니다. 남은 카드 묶음은 책상 위에 둡니다.

❸ 카드를 확인할 때는 모두 다 같이 봅니다.

❹ 카드 4장의 테두리 색이 같지 않을 경우, 자신에게 필요하지 않은 카드 1장을 시계 방향의 옆 친구에게 "넘겨." 또는 "패스."라고 말하며 줍니다.

❺ 맨 마지막 놀이 참가자는 필요 없는 카드 1장을 책상 위에 내려놓습니다. 이때 첫 번째 참가자는 책상 위에 있는 카드 묶음에서 새로운 카드 1장을 가져옵니다.

❻ ❸~❺의 활동을 반복하다가 카드 4장이 모두 같은 색이 되면 "마커."라고 외치면서 책상 위에 놓인 마커를 하나 가져옵니다. 이때 4장의 카드가 모두 같은 색이 아니더라도 다른 사람이 "마커."라고 외치면 책상 위에 있는 마커를 하나 가져올 수 있습니다.

❼ 마커를 하나씩 가져온 학생들이 이번 놀이의 승자가 됩니다.

❽ "마커."를 외친 학생은 다음 놀이에서 첫 번째 놀이 참가자가 되어 학생들에게 카드를 나누어 주는 역할을 맡습니다.

✍ TIP

💡 "마커."를 외치며 책상 위에 놓인 마커를 제일 먼저 가져간 사람은 2점, 그 소리를 듣고 책상에 남겨진 마커를 가져 간 사람은 1점 등 획득 점수를 달리한 뒤, 10점을 득점하면 최종 승리하는 놀이로 변형해도 좋습니다.

💡 모든 색으로 변할 수 있는 만능 카드 1~2장을 만들어서 적용하면 학생들이 더욱 흥미롭게 놀이를 진행할 수 있습 니다.

선생님 한마디

역사라고 하면 외울 내용이 많고 이해하기 어렵다는 선입견 때문에 역사 공부를 부담스러워하는 학생이 많습니다. 이것이 역사를 처음 접하는 초등학생을 지도할 때 암기식 방법을 지양해야 하는 이유입니다. 초등 시기의 아이들은 사람에 대한 호기심이 많고 동화적, 신화적 이야기를 좋아하므로 인물 탐구를 통한 한국사 공부가 효과적입니다. 인물을 중심으로 역사 흐름을 파악하면 그 시대에 대해 쉽게 이해할 수 있고 역사적 사건도 좀 더 오래 기억할 수 있기 때문입니다.

발갛게 상기된 얼굴로 "역사 공부가 이렇게 재미있는지 몰랐어요.", "위인 카드 판을 만들면서 몰랐던 사실을 많이 알게 됐어요."라고 말하던 학생들이 떠오릅니다. 물론 모든 역사 공부를 '스피드 위인 퀴즈, 함께 만드는 위인 카드 판, 4장 마커 놀이'처럼 움직임이 있는 활동이나 게임으로 진행할 수는 없습니다. 하지만 이들 활동으로 학생들이 역사가 재미없고 지루한 과목이 아니라 알면 알수록 흥미롭고 재미있는 우리의 이야기임을 깨닫게 된다면 그것만으로도 큰 성과가 아닐까 싶습니다. 아울러 이러한 활동들을 디딤돌 삼아 학생 스스로 우리 역사에 대해 흥미와 관심을 갖고 배움의 길목에 첫발을 내딛는다면 더할 나위 없이 좋겠죠?

아이들 활동 소감

윤채   '스피드 위인 퀴즈'를 할 때 제가 설명하는 걸 친구들이 집중해서 듣고 맞히는 모습을 보니 정말 기분이 좋았어요.

현민   친구들이랑 같이 '위인 카드 판'을 만들다 보니 우리 역사에 대해 좀 더 많이 알게 됐어요.

수민   평소에 잘 몰랐던 위인들도 '4장 마커 놀이'를 하고 나니 잘 알게 됐고, 놀이를 통해 역사를 배우니까 더욱 오래 기억에 남는 것 같아요.

근영   카드 마술로 부모님이 고른 카드를 찾은 뒤 선택한 위인의 이야기를 들려드렸어요. 정말 뿌듯했어요.

교우 관계 수업 고수 되기

학생들에게 친구는 가족만큼이나 중요한 존재입니다. 대부분의 학생들은 일상을 공유할 단짝이 있기를 소망합니다. 하지만 친구와 함께하는 시간이 마냥 행복하기만 하지는 않습니다. 3명이 함께 놀다가 1명이 소외되기도 하고 둘이 놀다가 서로 갈등이 생겨 소원해지는 경우도 많습니다.

진정한 우정을 만들어 나가기 위해서는 서로의 마음을 헤아리고 다름을 인정하는 자세가 필요합니다. 이번 수업을 통해 나와 생각이 달라도, 짝이 맞지 않아도 충분히 마음을 나눌 수 있음을 깨우쳐 주는 것은 어떨까요?

고수의 비법

세 마음 텔레파시 카드 마술

세 사람이 바꾼 카드 더미에서 각자 선택한 카드가 나오는 마술

준비 난이도 　기술 난이도

함께 하는 무림 활동

셋 모여 하나

3명의 학생이 서로 부족한 점을 보완해 주면서 장애물을 피해 물건을 찾아오는 활동

새, 둥지, 그리고 바람

술래의 외침에 따라 짝을 바꿔 가며 여러 친구들을 만나는 놀이

세 마음 텔레파시 카드 마술

1

학생 3명을 선정하고, 학생 1명에게 카드를 잘 섞은 후 3개의 더미로 나누게 합니다. 그리고 각자 원하는 카드 더미를 하나씩 가져가도록 합니다.

친구의 마음을 잘 몰라서 답답했던 적이 있나요? 오늘은 친구와 서로 마음이 잘 통하는지 확인해 보도록 하겠습니다. A가 카드를 잘 섞은 후 3개의 더미로 나눠 주세요. 그리고 각자 카드 더미를 하나씩 가져가세요.

2

각자 마음에 드는 카드 1장을 골라 책상 위에 뒷면이 보이도록 내려놓고, 나머지 카드 더미를 그 카드 위에 올려놓으라고 합니다.

가져간 카드 더미 중에서 마음에 드는 카드 1장을 선택한 후 어떤 카드인지 기억해 두세요. 선생님이 뒤돌아서 있을 테니 다른 친구들에게 자신이 고른 카드를 보여 주세요. 이제 그 카드를 뒷면이 보이도록 책상 위에 뒤집어서 놓습니다. 나머지 카드 더미도 뒷면이 보이도록 고른 카드 위에 올려놓습니다.

3

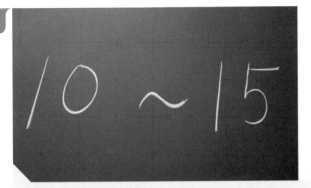

10~15 사이의 숫자 중 하나를 마음속으로 선택하게 합니다.

이제 10에서 15사이에 있는 숫자 중 하나를 마음속으로 선택해 주세요. 이 숫자는 한번 정하면 바꿀 수 없습니다.

4

각자 카드 더미를 들고 자신이 선택한 숫자만큼 맨 위에서부터 1장씩 카드를 책상 위에 내려놓도록 합니다.

카드 더미를 들고 맨 위에서부터 1장씩 카드를 책상 위에 내려놓으세요. 각자 자신이 선택한 숫자만큼 차례대로 내려놓으세요.

5

남은 카드는 내려놓은 카드 더미 위에 한꺼번에 올려놓게 합니다.

손안에 남은 카드들은 내려놓은 카드 더미 위에 그대로 올려놓으세요.

교우 관계 수업 고수 되기

6

A와 B가 카드 더미를 서로 바꾸게 합니다. 그리고 B와 C도 카드 더미를 서로 바꾸게 합니다. 카드 교환이 끝나면 **3**에서 선택한 숫자만큼 **4**~**5**의 과정을 반복하게 합니다.

A와 B는 서로 카드 더미를 바꾸세요. 다 바꾸었으면 B와 C도 서로 카드 더미를 바꾸세요. 다 바꾸었으면 아까 선택한 숫자만큼 카드를 1장씩 내려놓은 후, 남은 카드를 그 위에 통째로 올려놓습니다.

7

A와 C가 카드 더미를 서로 바꾸게 합니다. 그리고 B와 C도 카드 더미를 서로 바꾸게 합니다. 카드 교환이 끝나면 **3**에서 선택한 숫자만큼 **4**~**5**의 과정을 반복하게 합니다.

A와 C는 서로 카드 더미를 바꾸세요. 다 바꾸었으면 B와 C도 서로 카드 더미를 바꾸세요. 다 바꾸었으면 아까 선택한 숫자만큼 카드를 1장씩 내려놓은 후, 남은 카드를 그 위에 통째로 올려놓습니다.

8

자신이 처음에 골랐던 카드가 무엇인지 말한 후, 카드 더미의 제일 위에 있는 카드를 뒤집어 확인하게 합니다.

여러분이 처음에 선택한 카드는 무엇이었나요? 카드 더미의 제일 위에 있는 카드를 뒤집어 봅시다. 놀랍게도 모두 자신이 선택한 카드가 나왔습니다. 이 마술처럼 서로 마음을 주고받으며 진정한 우정을 쌓을 수 있기를 바랍니다.

비법 공개

🎯 준비물

트럼프 카드

🎀 비법 풀이

이 마술은 정해진 순서를 지켜서 진행하면 자연스럽게 원하는 결과를 얻게 되는 마술입니다. 각자 다른 숫자를 생각하고 카드를 섞지만 카드를 내려놓는 방식 및 카드를 바꾸는 순서에 의해 자신이 고른 카드가 카드 더미의 맨 위에 위치하게 됩니다.

1 학생들이 각자 원하는 카드를 선택하면 그 카드를 책상 위에 내려놓고 나머지 카드들을 그 카드 위에 올리게 하여, 선택한 카드가 카드 더미의 맨 밑에 가게 합니다.

2 학생들이 각자 선택한 숫자(10~15 사이)만큼 카드를 내려놓을 때는 반드시 위에서부터 1장씩 카드를 내려놓도록 해야 합니다.

3 손 안에 남은 카드들은 반드시 통째로 카드 더미 위에 올려놓아야 카드의 배열이 바뀌지 않습니다.

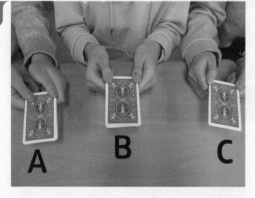

4 카드를 모두 내려놓은 후에는 아래의 순서를 잘 지켜서 마술을 진행합니다.

(1) A와 B가 카드 바꾼 후 B와 C가 카드 바꾸기

(2) 선택한 숫자만큼 카드 1장씩 내려놓고, 남은 카드 그 위에 놓기

(3) A와 C가 카드 바꾼 후 B와 C가 카드 바꾸기

(4) 선택한 숫자만큼 카드 1장씩 내려놓고, 남은 카드 그 위에 놓기

마지막에 자신이 들고 있는 카드 더미는 처음에 자신이 들고 있던 카드 더미입니다.

5 순서에 맞게 카드를 잘 섞었다면 규칙성에 의해 카드 더미의 맨 위에 있는 카드가 자신이 선택한 카드가 됩니다.

📖 유의할 점

☑ 카드를 3개의 더미로 나눌 때 서로 높이를 비슷하게 나누도록 안내합니다. 카드는 총 54장이기 때문에 카드를 비슷하게 나누지 않으면 선택한 숫자만큼 카드를 내려놓을 때 카드가 모자랄 수 있습니다.

☑ 학생들이 선택하는 숫자는 반드시 10~15 사이에서 고르게 합니다. 숫자를 고른 후에는 마술이 진행되는 동안 절대 바꾸지 않도록 미리 주의를 줍니다.

🪄 다양한 주제 카드를 이용하는 수업에 활용: 감정 카드, 세계 여러 나라 카드, 위인 카드 등 다양한 주제 카드에 이 마술을 적용할 수 있습니다. 마지막 단계에서 선택한 카드를 확인하기 전에 교사가 그 카드에 대해 간단한 질문을 하여 나머지 학생들이 카드를 유추해 보도록 할 수도 있습니다.

🪄 학생 상담 활동: 학생들 사이에서 다툼이나 갈등이 생겼을 때 상담을 위한 마음 열기 단계에서 유용하게 활용할 수 있습니다. 감정 카드를 활용하여 학생이 현재 자신의 감정을 선택하도록 한 후, 마지막 단계에서 교사가 학생의 마음을 알아맞히고 공감해 준다면 라포르를 형성하는 데 큰 도움이 됩니다. 2명의 학생과 상담을 할 경우에는 교사가 나머지 1명이 되어 활동할 수 있습니다.

셋 모여 하나

💿 **준비물** 안대(2개), 찾아야 하는 물건, 장애물(책상, 의자 등), 타이머

🐗 **활동 방법**

① 3명이 한 모둠이 되도록 모둠을 구성하고, 각자 맡을 역할을 정합니다.

	역할	안대 착용	해야 할 일
1번 친구	앞을 볼 수 있지만 움직일 수 없고 말을 못 하는 사람	×	목적지를 보고 2번 친구에게 손으로 동작을 전달하기
2번 친구	말을 할 수 있지만 앞을 볼 수 없고 움직이지 못 하는 사람	○	말을 하여 3번 친구에게 행동을 지시하기
3번 친구	움직일 수는 있지만 앞을 볼 수 없고 말을 못 하는 사람	○	2번 친구에게 들은 대로 움직이며 물건 찾기

② 1번 친구와 2번 친구는 미리 논의하여 손으로 동작을 전달하는 방식을 정해 둡니다.

　　예 오른쪽으로 이동은 오른쪽 어깨를 살짝 치기, 왼쪽으로 이동은 친구의 왼손 잡기, 직진은 등 가운데를 살짝 치기, 정지는 양손을 친구의 두 어깨에 대기 등

③ 교사가 교실 뒤쪽에 출발선을 표시하면 정해진 순서에 따라 모둠별로 나와 준비를 합니다. 이때 모둠의 학생들은 3, 2, 1번 순서로 줄을 섭니다.

④ 교사는 교실 곳곳에 장애물을 만들고 교실 앞쪽에 찾아야 하는 물건을 놓습니다.

⑤ 교사의 신호에 따라 활동을 시작합니다.

⑥ 제한 시간 동안 물건을 찾거나 가장 먼저 물건을 찾은 모둠이 승리합니다.

📝 TIP

💡 활동의 목적이 이기고 지는 경쟁에 있는 것이 아니라 서로의 부족한 점을 보완해 주는 협동에 있음을 분명히 인지 시킨 후 활동을 시작합니다.

💡 1번 친구는 2번 친구를 세게 치지 않고 의미가 전달될 수 있을 정도로만 치기로 약속합니다.

💡 물건을 찾은 후에는 안대를 벗고 출발선으로 돌아오게 합니다. 하지만 학년 수준에 따라 돌아올 때도 안대를 쓴 채 돌아오게 할 수 있습니다.

💡 한 모둠씩 활동을 하는 것이 좋으나 시간이 많이 걸릴 수 있습니다. 동시에 2, 3개 모둠이 활동을 하는 방법은 시간 을 절약할 수 있으나 소란스러울 수 있으니, 학급 상황에 맞게 방법을 선택하는 것이 좋습니다.

💡 찾아야 하는 물건을 사탕 등 다 같이 나누어 먹을 수 있는 것들로 준비해도 좋습니다. 어떻게 나누어 먹을지 고민하 는 과정에서 배려와 존중의 태도를 배울 수 있습니다.

함께 하는 무림 활동

새, 둥지, 그리고 바람

🐄 활동 방법

① 술래를 1명 정하고, 나머지 학생들은 3명씩 모둠을 이룹니다.

② 모둠이 된 3명의 학생 중 2명은 둥지가 되고, 1명은 새가 됩니다.

③ 둥지는 새를 감싸고 서 있습니다. 둥지가 된 2명이 서로 팔을 뻗어 양손을 잡고, 그 사이에 새가 들어갑니다.

④ 술래가 '새, 둥지, 바람' 중 1가지를 선택하여 외칩니다.

⑤ 학생들은 술래의 외침에 따라 행동합니다.
  - "새."라고 외치는 경우: 새들은 둥지에서 나와 다른 둥지를 찾아갑니다. 이때, 둥지들은 그 자리에 가만히 있습니다.
  - "둥지."라고 외치는 경우: 둥지는 흩어져서 다른 새를 찾아 감쌉니다. 이때, 새는 그 자리에 가만히 있습니다.
  - "바람."이라고 외치는 경우: 모두가 흩어집니다. 흩어진 친구들은 둥지가 될 수도 있고, 새가 될 수도 있습니다.

⑥ 모둠을 이루지 못하고 남은 1명이 술래가 됩니다.

📣 TIP

💡 활동이 끝난 후 몇 명의 친구들과 만났는지 생각해 보게 하는 것도 좋습니다.

💡 짝이 맞지 않는다면 교사도 참여해 역할을 하거나 술래를 2명이 번갈아 하도록 합니다.

💡 술래를 하고 싶어서 움직이지 않는 학생들이 있기도 합니다. 이러한 경우에는 1명이 3번까지만 술래를 할 수 있으며 3번 이상 걸리면 벌칙이 있음을 안내합니다.

💡 친한 친구끼리만 하는 것이 아니라 최대한 많은 친구를 만날 수 있도록 독려합니다.

💡 과도한 신체 접촉이 생기지 않도록 사전에 주의를 줍니다.

무용담 나누기

선생님 한마디

'네잎클로버'의 꽃말은 '행운'이라고 합니다. 그리고 '세잎클로버'의 꽃말은 '행복'이라고 합니다. 아이들에게 수많은 세잎클로버가 가져다주는 행복을 경험하게 해 주고 싶었습니다.

초등 고학년 여자아이들은 무리를 형성하여 친구 관계를 유지하려는 경향이 많습니다. 그런데 3명이 무리를 형성하는 경우 1명이 소외되는 일이 자주 발생합니다. 그 이유를 가만히 생각해 보다가 아이들이 3명으로 팀을 이루는 경우가 매우 적다는 사실을 깨달았습니다. 수업 시간에 이루어지는 활동 대부분도 짝 활동 혹은 4명 이상의 모둠 활동입니다. 3명의 아이들이 함께 목표를 가지고 활동을 하는 경험이 적기 때문에 이러한 문제들이 자주 발생하는 것인지도 모르겠다는 생각이 들었습니다. 그래서 3명의 마음을 확인해 보는 카드 마술과 3명이서 협동을 해야 성공할 수 있는 활동을 구성하였습니다. 활동 후, 둘이 할 때보다 셋이서 협동하는 것이 더 힘들었지만 성공했을 때 그만큼 더 뿌듯했다는 글을 읽었습니다. 그리고 '교사인 나 역시도 은연중에 짝수의 무리만을 강요하지 않았던가?' 되돌아보고 성찰할 수 있었습니다.

우정을 형성하는 데 숫자는 중요하지 않습니다. 둘이든 셋이든, 혹은 그 이상이든 서로의 마음을 이해해 가면서 즐겁게 지낼 수 있기를 바랍니다.

아이들 활동 소감

서현 선택한 숫자를 서로 비밀로 한 채로 카드 마술을 했는데 마지막에 내가 골랐던 카드가 나와서 매우 놀랐어요. 카드 더미를 친구들과 여러 번 바꾸면서 친구들을 더 자주 바라보게 되어서 좋았어요.

대웅 선생님이 3명씩 할 수 있는 활동을 준비한 이유를 알게 되었어요. 이 활동 후에 우리 반 모두가 조금씩 변하고 있는 것 같아요.

채연 나에게 무언가 부족한 점이 있더라도 셋이 함께 힘을 모은다면 부족한 점을 보완할 수 있다는 것을 깨달았어요.

◇ 부록 ◇
활동지 모음

달걀 부모의 하루

이름: _____

'달걀 보모의 하루'는 예쁘게 꾸민 달걀을 하루 동안 자신의 아이로 키우는 활동입니다. 부모님이 여러분을 사랑으로 지켜 내듯이, 여러분도 자신의 달걀 아이를 지켜 내면서 부모님의 마음을 조금이나마 느껴 보길 바랍니다.

⚡ 달걀 아이의 이름은 무엇인가요? _____

⚡ 달걀 아이가 어떤 모습으로 성장하면 좋겠는지 이유와 함께 적어 주세요.
부모님의 마음으로 신중하게 생각해 봅니다.

⚡ 이 활동을 하면서 느낀 점을 적어 주세요.
(달걀 아이를 유치원에 보냈을 때, 달걀 아이가 시련을 당했을 때 등)

⚡ '달걀 부모의 하루' 활동을 통해 깨달은 점을 바탕으로 부모님께 전하고 싶은 말을 적어 주세요.

⚡ 부모님께 감사와 사랑의 마음을 표현한 후 확인 서명을 받으세요.

부모님 서명: (   )

도전! 어버이날 미션 임파서블
가정의 달 5월! 친구가 적어 준 미션을 수행하라!

이름: _____

⚡ 미션 제작자: _____

⚡ 미션 수행자: _____

⚡ 미션: _____
_____
_____

⚡ 미션 설정 이유: _____
_____
_____
_____

⚡ (미션 완료 후) 부모님 후기

내 나무가 생겼어요!

학교 주변 생물 찾아보기

이름: _____

⚡ **우리 학교 주변에는 다양한 생물들이 살고 있습니다. 어떤 생물들이 살고 있을까요?**
특별히 기억에 남거나 특징이 뚜렷한 생물들을 지도에 표시해 보세요. 사진으로 찍어 붙여도 좋고, 간단히 그림으로
나타내도 좋아요.(학교 건물 배치도를 간단히 그린 후 활동하세요.)

⚡ **학교 주변에서 볼 수 있는 생물들(식물을 제외한 생물) 중 1가지를 선택하여 그림으로 그려 보세요.**

       ♥ 생물의 이름:

       ♥ 생물을 찾은 곳:

       ♥ 생물의 특징:

⚡ **학교 주변에서 자라는 식물들 중 '내 나무'를 1가지 정하여 이름을 붙여 보세요. 그리고 '내 나무'의 특징이 잘 드러나도록 그림으로 나타내 보세요.**

● '내 나무'의 이름:

● '내 나무'로 정한 까닭:

● '내 나무'의 모습

분단이 되었어요

이름: _____

'분단이 되었어요'는 하루 동안 교실에서 분단 상황을 체험해 보는 활동입니다. 분단 상황을 직접 겪으며 통일의
필요성을 느끼고 이산가족의 아픔을 공감해 봅시다.

⚡ 교실이 분단되어 불편한 점은 무엇인가요?

⚡ 다른 분단과 협상한 내용과 협상을 통해 만든 조약을 적어 주세요.

1.
2.
3.
4.

⚡ 이 활동을 하고 난 후 느낀 점을 솔직하게 적어 주세요. 친한 친구와 떨어져서 지냈을 때의 느낌, 자유롭게 돌아다
니지 못했을 때의 느낌 등을 이산가족의 아픔과 연결 지어 보아도 좋습니다.

⚡ '분단이 되었어요'를 하며 깨달은 통일의 필요성과 분단에 대한 여러분의 생각을 적어 주세요.

통일 국기 디자이너

'통일 국기 디자이너'는 우리나라가 통일이 된다면 어떤 국기를 사용할지 상상하여 그려 보는 활동입니다. 통일이 된 후에 우리나라는 어떤 국기를 사용하게 될까요?

⚡ 통일이 된 후 우리나라 국기에 어떤 의미가 담기면 좋을까요?

1.
2.
3.

⚡ 통일이 된 후 우리나라의 국기를 상상하여 스케치해 주세요. 각 부분이 나타내는 의미나 색깔 등도 적어 주세요.

⚡ 우리나라의 통일 국기를 직접 만들어 본 소감을 적어 주세요.

Surprise 진실 혹은 거짓

이름: _____

⚡1학기 동안 실제 자신에게 있었던 일 또는 한 일을 3가지 적으세요. 그리고 1가지는 거짓인 내용으로 쓰되, 최대한 진실처럼 쓰세요.

1	
2	
3	
4	

⚡친구들이 1학기 동안에 한 일을 들으며 거짓인 것을 찾아 번호를 쓰세요. 과연 거짓을 맞힐 수 있을까요?

이름	거짓은?	이름	거짓은?	이름	거짓은?	이름	거짓은?
							맞힌 개수	개

320

Mission 빙고

이번 여름 방학, 무얼 하고 지냈니?

이름: _____

[제한 시간: 15분]

친구들은 방학 동안 무엇을 하고 지냈을까요? 빙고 칸에 쓰인 일을 한 친구를 찾아다니며 미션을 수행해 봅시다. 미션 수행 후 그 친구에게 서명을 받아 칸을 채웁니다. 3줄 빙고를 완성하면 Mission 완료!

(단, 서명은 1명당 1번씩만 받을 수 있습니다.)

친구 집에서 신나는 파자마 파티! (미션: 하이 파이브)	아파서 병원에 다녀왔어요. ㅠㅠ (미션: 등 토닥토닥)	선풍기 앞에서 수박 냠냠! (미션: 팔짱 끼고 교실 한 바퀴)	지하철, 버스를 타고 놀러 갔어요. (미션: '부릉부릉' 하며 교실 한 바퀴)	텐트 안에서 하룻밤! (미션: 웃기기- 방법은 마음대로)
[서명]	[서명]	[서명]	[서명]	[서명]
비행기 타고 여행했어요. (미션:「비행기」 노래 부르기)	박물관, 미술관 관람! (미션: 내 얼굴 그려 달라고 하기)	가족과 함께 등산을 했어요. (미션: 시원한 안마 10초)	10시간 이상 잠을 잤어요. (미션: 구구단 9단 거꾸로 외우기)	우리 반 친구를 3명 이상 만났어요. (미션: "반갑다! 친구 야." 하며 악수하기)
[서명]	[서명]	[서명]	[서명]	[서명]
방학 중 학교에 왔었어요. (미션: 코끼리 코 하고 5회 돌기)	부모님 대신 집안일을 했어요. (미션: 머리 쓰다듬어 주기)	할머니, 할아버지 댁에 다녀왔어요! (미션: 팔 굽혀 펴기 5회 하기)	컴퓨터, 한자 등 각종 자격증 취득! (미션: "나이스." 하며 점프 5번)	바다나 수영장에 갔어요. (미션:「상어 가족」 노래 부르기)
[서명]	[서명]	[서명]	[서명]	[서명]
피아노, 기타 등 악기를 연주했어요. (미션: 친구의 장점 3가지 말하기)	방학 동안 살이 빠졌어요. (미션: 짱구 춤 울라울라~♬)	피부색이 바뀌었어요. (미션: 친구에게 멋진 윙크 날리기)	방학 동안 운동을 꾸준히 했어요! (미션: 즉석 팔씨름 한 판)	나는야 독서왕, 10권 이상 독서! (미션: 신청곡 불러 주기)
[서명]	[서명]	[서명]	[서명]	[서명]
방학 동안 일기를 10편 이상 썼어요. (미션: 친구 10초 동안 업어 주기)	방학 동안 문제집을 1권 이상 풀었어요. (미션: 앉았다 일어나기 10회)	12시 넘어서 잠든 적이 있어요. (미션: 머리끈 빌려서 자기 머리 묶기)	내가 한 요리를 가족과 먹었어요. (미션: 손으로 하트 표시 보내기)	시간 가는 줄 모르고 게임을 했어요. (미션:가위바위보 이기면 딱밤 맞기)
[서명]	[서명]	[서명]	[서명]	[서명]

작가 인터뷰 질문 리스트

인터뷰 기자 이름: _____

⚡ **기자가 되어 작가에게 궁금한 점을 질문으로 만들어 써 보세요.**

번호	질문
1	• **작가의 마음을 추측해 보는 질문** 예 – 결말을 이렇게 쓴 특별한 이유가 있나요? – 이 이야기를 통해 독자들에게 무엇을 전하고 싶나요? – 이 책을 어떤 친구들에게 추천하고 싶나요? **나의 질문 [**]
2	• **이 책에서 잘 기억이 나지 않거나 이해하기 어려운 부분에 대한 질문** 예 – 이 문장은 무슨 뜻인가요? – 처음에 주인공이 만났던 사람이 누구였나요? **나의 질문 [**]
3	• **이 책에서 가장 기억에 남거나 마음에 드는 부분에 대한 질문** 예 – 이야기 중 가장 기억에 남는 장면은 무엇입니까? – 마음에 드는 인물이나 대사가 있나요? **나의 질문 [**]
4	• **이 책에서 좀 더 상상해 보고 싶은 부분에 대한 질문** 예 – 이 이야기를 다시 쓴다면 바꾸고 싶은 부분이 무엇인가요? – 만약에 주인공이 그렇게 행동하지 않았다면 이야기는 어떻게 변했을까요? – 실제로 주인공과 같은 상황에 처하게 된다면 어떻게 할 것인가요? **나의 질문 [**]
5	• **이 책의 내용과 비슷한 경험 또는 의견을 묻는 질문** 예 – 주인공과 비슷한 경험을 해 본 적이 있나요? – 주인공의 행동은 옳다고 생각하나요? **나의 질문 [**]

작가 인터뷰 빙고

모둠명: _____

☆ 놀이 방법 ☆

(1) 빈칸에 서로 겹치지 않게 이름과 질문 번호를 씁니다.(한 사람당 5개)

(2) 3명씩 두 팀으로 나누고, 각 팀의 색깔과 놀이 순서를 정합니다.

(3) 주사위를 2번 던져 첫 번째 숫자는 가로, 두 번째 숫자는 세로로 만나는 지점의 질문에 대한 대답을 합니다. 기자(주사위를 던져 나온 칸에 이름이 쓰여 있는 친구)는 작가(주사위를 던진 친구)에게 해당 번호의 인터뷰 질문을 합니다.

(4) 주사위를 던진 친구가 작가의 입장이 되어 대답을 잘하면 그 칸을 팀 색깔로 표시할 수 있습니다.
이때 이미 표시된 칸의 질문에는 답할 수 없습니다.

(5) 제한된 시간 내 빙고를 만드는 팀이 이깁니다.

※ 미션 칸에는 모둠별로 정한 미션을 쓰고, 미션 성공 시 그 칸을 팀 색깔로 표시합니다.

※ 미션 예시: 선생님께 "감사합니다."라고 외치고 오기, 제자리에서 5바퀴 돌기, 재미있는 표정 짓기, 선생님께 손 하트 보내기, 상대 팀 친구 1명 웃기기, 친구 1명 어깨 주물러 주기, 교실 안에 있는 물건 하나 정리하기 등

	1	2	3	4	5	6
1		★미션				
2				★미션		
3	★미션					
4					★미션	
5			★미션			
6						★미션

동전 퀴즈 맞히기

★ 학생용(문제지) 예시

선생님의 별명은?	우리 반을 대표하는 '반 이름'과 '기수'는?	전학 간 친구의 이름은?	현장 학습에서 우리 반이 단체 사진을 찍을 때 꼭 취하는 포즈는?
보너스 땅! 짝짝짝~^^ (문제를 풀지 않고 땅을 갖는다.)	아침에 오자마자 쓰는 한 줄 글쓰기는?	우리 반에서 절대 하지 말아야 하는 것 3가지는?	"박수 세 번 시작!" 이라고 하면 우리가 하는 행동과 말은?
올해 갔던 현장 체험 학습 장소 두 곳은?	우리 반이 학예회 때 공연했던 노래의 제목은?	반별 피구 대회에서 우리는 몇 번을 이겼을까?	꽝~T.T (꽝에 동전이 오면 상대편이 이 땅을 갖는다.)
전담 교과 선생님들의 성함은? (2명 이상)	우리 반 학생이 생일을 맞으면 하는 활동은?	선생님이 가장 좋아하는 연예인은?	'세상에서 가장 빛나는 ( )'에서 빈칸에 들어갈 말은? (hint-생일 달력 제목)

⑴ 동전을 튕긴 후 동전이 멈춘 칸에 적힌 문제를 읽고 답을 말합니다.

⑵ 정답을 맞히면 그곳은 자기 땅이 됩니다. (○, △, ☆ 등을 이용해 자기 땅이라는 표시를 합니다.)

⑶ 제한 시간(10분) 내에 더 많은 곳을 자기 땅으로 만든 사람이 이깁니다.

동전
놓는 자리

324

땅따먹기 말판 놀이

땅따먹기 말판 예시

출발 →	댓글을 쓸 때는 내 댓글에 (ㅊㅇ)지는 자세가 필요합니다.	인터넷에서 지켜야 할 예절을 무엇이라고 할까요? ○○○	컴퓨터에 의하여 만들어진 또 하나의 공간, 네트워크로 연결된 통신망에 존재하는 공간을 무엇이라고 할까요?	뒤로 2칸	인터넷 예절: 상대방에게 항상 (ㅈㄷㅁ)을 사용합니다.	홈페이지의 순우리말은?	학급 게시판에서 칭찬 나누기 활동을 할 때 주의해야 할 점 1가지 말하기	처음으로	만든 사람이 자신의 창작물에 대하여 가지는 고유한 권리는? ○○○
인터넷, 스마트폰 바르게 사용하기 위한 나만의 방법 1가지 말하기									앞으로 3칸
처음으로			**함께 지키는 인터넷 예절** **게임 방법** ① 가위바위보를 하여 누가 먼저 할지 순서를 정한다. ② 주사위를 던져 나온 숫자만큼 자신의 말을 이동! ③ 문제를 해결하면 통과, 틀리면 원래 자리로!						O, X로 표시 전해 들은 친구의 안 좋은 소식을 게시판에 얼른 남깁니다.
O, ×로 표시 컴퓨터 게임이 재미있어 밤새 게임을 했다.									뒤로 3칸
O, X로 표시 영화나 음악을 인터넷에서 무료로 다운받습니다.	짝과 가위바위보해서 이긴 사람은 통과, 진 사람은 뒤로 2칸	다음 댓글을 좋은 댓글로 바꿔 주세요. → 이게 뭐냐? 발로 만들었냐?	앞으로 2칸	좋은 댓글은 ○○, 나쁜 댓글은 ○○이라고 합니다.	O, X로 표시 인터넷을 사용하면서 친구에게 전해 들은 정보를 게시판에 올립니다.	O, X로 표시 인터넷 세계도 현실과 같이 예절이 필요합니다.			

우리들의 성품 열매

(   ) 모둠:

우리가 생각하는 (   )이란?

1. _____

2. _____

3. _____

㉎ 우리가 생각하는 (책임)이란?

1. 청소 시간에 내가 맡은 역할을 열심히 하는 것.

2. 도서실에서 빌린 책을 기간 내에 반납하는 것.

3. 숙제를 해 오지 않았을 경우, 아침에 학교에 와서 숙제부터 하는 것.

가치 퍼즐 게임

(   ) 모둠: _____

⚡ 힌트가 되는 낱말들을 보고 여러분이 생각한 상황을 써 주세요.

모둠 활동지 뒷면에 있는 답을 보고 괄호 안에 점수를 적어 주세요.

(완벽하면 10점, 비슷하면 5점, 다르면 0점)

감사	• ( )
	• ( )
	• ( )
	• ( )
배려	• ( )
	• ( )
	• ( )
	• ( )
용기	• ( )
	• ( )
	• ( )
	• ( )
성실	• ( )
	• ( )
	• ( )
	• ( )
보람	• ( )
	• ( )
	• ( )
	• ( )
공평	• ( )
	• ( )
	• ( )
	• ( )

함께 만드는 위인 카드 판

모둠명: _____

정가운데 칸에 선생님이 제시하는 위인의 이름을 받아 적습니다. 그리고 모둠원끼리 협동하여 그 위인과 관련된 낱말을 빈칸에 적어 봅니다. 한 사람당 1가지씩은 이야기할 수 있도록 기회를 골고루 갖습니다.

위인 카드 판		

예

독립 운동가	이화 학당	1919년 3·1 운동
아우내 장터	유관순	만세 운동
공주 감옥	서대문 형무소	18살